T0275358

IGBO-ENGLISH
ENGLISH-IGBO
DICTIONARY AND PHRASEBOOK

NICHOLAS AWDE
&
ONYEKACHI WAMBU
with
KWESI ARBUAH,
JOHN EMENCHETA,
ROSEMARY AMAKA,
FRED HILL,
& CHIKE AZUONYE

HIPPOCRENE BOOKS
NEW YORK

With gratitude to Peter Davies, Jack Carnochan,
Ejiro Ejaife & Tedius Gill

———————————

Fourth printing, 2012.

Typesetting by Nicholas Awde/Desert♥Hearts

For information, address:
HIPPOCRENE BOOKS, INC.
171 Madison Avenue
New York, NY 10016
www.hippocrenebooks.com

ISBN-13: 978-0-7818-0661-9
ISBN-10: 0-7818-0661-5

CONTENTS

Introduction   5
A Very Basic Grammar   18
Pronunciation Guide   27

IGBO-ENGLISH DICTIONARY   31

ENGLISH-IGBO DICTIONARY   61

IGBO PHRASEBOOK   91

Maps   186

- An Igbo person is an **Igbo**
- The adjective for Igbo things is **ihe Ndi Igbo**.
- Igbos call themselves **Ndi Igbo**.
- The Igbo language is called **asụsụ Ndi Igbo**
- Igboland is **Ala Ndi Igbo**

INTRODUCTION

The Igbo are one of the three largest ethnic groups in the west African country of Nigeria. They number between 12-16 million people, and are predominately located in the five states of Anambra, Imo, Ebonyi, Abia, and Enugu in South Eastern Nigeria, although significant numbers of Igbo communities can be found in neighboring states such as Rivers, Cross River, and Asaba, as well as the commercial centre of the country, Lagos. As traders and entrepreneurs, Igbos have also travelled widely in Nigeria, where they have established vibrant communities.

Their traditional territory cuts across the Equatorial Forest in the South and the Savannah in the North. It includes areas both East and West of the River Niger. Their neighbors are the Igala and Tiv in the North; Ekoi and Ibibio in the East; Ijaw and Ogoni in the South; and the Benin and Isoko in the West. Through the ages, Igbos have influenced and been influenced by these neighbors.

The Igbos speak a language that belongs to the Kwa group found in West and Central Africa. Their language would have split from the nearest languages (such as Ijo, Idoma and Edo) in the Kwa sub-family groups between 6,000 to 5,000 years ago. Over that period a traditional and highly complex culture, which grew out of a mode of production that was dependent on subsistence agriculture and trading, was established.

An individual society

This culture produced highly developed and unique handicrafts, particularly in the areas of weaving, pottery-making, and smithing. The culture also demonstrated unique features in the political and social spheres. For the Igbos, families, villages and clans were the basis of their social, political and economic organisation. The emphasis on family and blood ties produced broadly egalitarian and democratic village states, run by councils of elders (although there were a minority of Igbo communities such as the Aros which had more stratified social structures where **Eze Nri** or priest-kingships were not uncommon).

Despite their large numbers — being one of the biggest African ethnic groups — scholars have always found this feature of the Igbos remarkable, the fact that they did not come under the umbrella of a single state or establish state systems of any great size, until the tragic Biafran War between 1967 and 1970 when they attempted to secede from the Nigerian state, alongside other minority groups like the Ijaw and Kalagbari.

What is even more remarkable is that, despite never having developed a single overarching state structure, Igbo society and culture nevertheless enjoyed a basic uniformity of cosmological and social ideas, which were held together through regular markets, powerful spiritual shrines and oracles like the Ibini Ukpabi of Arochukwu, marriage networks, and traditional doctors, magicians, wrestlers and musicians.

However, the absence of evolved centralised state systems comparable to neighboring Benin, which had well-developed institutions for documenting its society, has meant that information which survives about the Igbo past is scanty and scrappy.

Excavations at a site at the University of Nigeria (Nsukka) Agricultural Farm by the archeologist Professor D. D. Hartle, provided evidence of human presence in the nature of potsherds, which carbon dating established as having been constructed around 2555 BC. By the ninth century AD, a complex civilisation was flourishing around Igbo-Ukwu, according to the archeological discoveries made by Professor Thurstan Shaw.

Resistance against the Europeans

Five hundred years later, as a result of their confrontation with Europeans from the 15th century onwards (particularly through the brutal slave trade), Igbo history became better documented. To the European captains of the slave vessels, it was mostly Igbos who occupied the interior beyond the Bight of Biafra. They began to indiscriminately label as 'Eboe' most of the slaves exported from the ports in this region, even though many were from other smaller neighboring ethnic groups.

Nevertheless Igbos formed a significant number of those African slaves who helped to develop the Americas, and generally attracted attention because of their efficiency and loyalty as household slaves. They also became renowned for their hatred of plantation slavery. This hatred was so intense that they would sometimes commit suicide to assert their freedom. In Haiti, there is still a saying: **Ibos pend' cor'a yo!** — 'The Ibo hang themselves!'

In the 18th and 19th centuries, three of their members in exile — Olaudah Equiano in Britain, Dr James Africanus Beale Horton in Serria Leone and the Gold Coast, and Jaja of Opobo in Nigeria — distinguished themselves as tireless defenders of the rights of Africans.

Despite these attempts at fighting European domination, Britain in the 19th century extended her colonial control over Igboland and the rest of Southern Nigeria, moving from trading through companies like the United African Company and Royal Niger Company, to establishing formal treaties, annexing city states and other areas.

The conquest of Igboland took over 20 years of constant military action towards the end of the century. Gunboats shelled Ndoni in 1876, Onitsha was sacked in 1879, Obohia in 1896, and finally the Aro expedition of December 1901 to March 1902, which destroyed the most organised large-scale force in Igboland.

In the arms of the Empire

Resistance continued on a small scale against the British well into the 1920s, but the destruction of the Aros had been an important part of the British attempt in 1900 to replace the authority of the Royal Niger Company with that of a formal state, the Protectorate of Southern Nigeria (which included the Yorubas and Edos from Benin) which they governed effectively in that part of West Africa.

The Protectorate of Southern Nigeria was eventually merged in 1914 with the Hausa/Fulani dominated Northern Protectorate to form Nigeria. Northern, Western, Central and Eastern administrative units were then created by the British with the object of efficiently running the country.

Igbo democracy and the complexity of traditional government was found unsuitable by the British, so Warrant Chiefs were created (usually by bypassing traditional elders and religious figures), and in the process creating new hierarchies and tensions. Alongside these chiefs, Native Courts were also established, and it was through these two institutions that a few British officials managed to indirectly rule a vast territory.

Resistance, of course, continued against British rule. The First World War and the worldwide Pan-African movement which had began amongst Diasporan Africans provided fresh impetus for anti-colonial struggle. Igbo anti-colonial struggles were subsumed under the Nigerian and West African nationalist movements.

Leading Igbo anti-colonialists like Nnamdi Azikiwe were campaigning on broad Pan-African platforms, rather than narrow Igbo ones. Specific Igbo resistance did continue, however. In 1929, market women in Aba, provoked by rumors of a rise in taxation, launched a bitter campaign against British authority, which spread like wildfire over a wide area, and shook the colonial authority. The Women's War was eventually crushed with the shooting and killing of 55 women.

Shaking off the British

The Second World War was to greatly destroy Britain's capacity for holding onto her colonies through force. Following India's independence in 1947, it was simply a matter of time for her colonial possessions, including Nigeria, to win their independence. Plans were drawn up, including three constitutions (the Richards consitution of 1947, the Macpherson consitution of 1952 and the Lyttelton consitution of 1954) which ended by splitting Nigeria into three, then four regions — Eastern (which contained most Igbos), Western, Northern and Mid-West.

As the movement towards Independence accelerated towards the end of the 1950s, the anti-colonial movement collapsed into its consituent ethnic parts, with Azikiwe emerging as the leader of National Council of Nigerian Citizens (NCNC) party which was now associated with Igbos, though it had formally been the main anti-colonial party.

Deep suspicions and mistrust between the different ethnic groups created increasing tensions in the lead-up to Nigeria's independence in 1960. The Hausa/Fulani, being the most numerous group, emerged from elections taking the prime-ministership, with the Yorubas, under Chief Awolowo, in opposition. Azikiwe won the ceremonial post of President.

But the country was unstable, attempting to work an unwieldly federal system based on the four states within a Westminister-style parliamentary system, with each of the main three ethnic groups, Hausa/Fulani, Yoruba and Igbo jockeying for supremacy.

The nation splits asunder

Rioting and violence in the Western region provoked a military coup in January 1966 by a group of junior officers, a number of whom were Igbo — particularly the leading figure of Major Chukuma Nzeogwu. In the coup the

Hausa/Fulani Premier of the northern region, the Sardauna of Sokoto, was assassinated — as was the Northern Prime Minister Sir Abubakar Tefewa Balewa.

None of the leading Igbo politicians was killed. An Igbo, Major General Johnson Aguiyi-Ironsi, the leading army officer in the country, eventually assumed control of the country following the surrender of the junior officers.

Northern suspicions of an Igbo plot to control and dominate Nigeria were high. When, as part of Ironsi's plan to restore order in the country, he proposed doing away with Nigeria's federal structure and creating a unitary state, the North was convinced that there really was an Igbo plot to take over Nigeria.

Igbos began to be attacked in the North. By July 29 1966, Northern officers had launched another coup, killing Ironsi and other senior Igbo officers. Violence against Igbo traders in the North escalated — by September and October huge pogroms were launched against them there. Thousands were killed, sometimes by Northern soldiers. The aim was to drive them out of the North. Those who survived — over 600,000 — fled back to the Igbo heartland, without any possessions. They were joined by hundreds and thousands of others who poured back from Lagos and other regions of Nigeria.

The Biafran War

Led by the most senior surviving Igbo army officer, Lieutenant-Colonel Emeka Ojukwu, the Igbos decided that, since their safety could not be guaranteed inside Nigeria, they would seek secession — alongside many of the other minority groups in the East of the country. And so began the brutal Biafran War, which ironically was the only time when the Igbos had managed to find themselves in the closest thing to a unified Pan-Igbo state. Given the oil and other resources in the East, the Nigerian leader Yakubu Gowon fought to keep the country united.

The war was to last from 1967 to 1970, leaving millions of Igbo dead and malnourished, setting back infrastructal, educational and economic opportunities by more than a decade. Although there was a genuine attempt at reconciliation at the end of the war, the Igbo, having lost it, have nevertheless found themselves marginalised in most of the major institutions in Nigeria — including the army, judiciary, formal business sector and politics.

Building blocks of the future

The former Eastern region was also split into two states, as part of Gowon's creation of a 12-state federal structure for Nigeria. These two states have grown to the present five Igbo states over the last 30 years as the federal structure of the country has expanded in order to aid development and reduce ethnic-bloc rivalry.

Against this difficult backdrop, the Igbos have worked tirelessly, re-establishing much of their old trading networks in the rest of the country; and through their embracing of education, attempting to recapture much of the ground that was lost in the institutions. They have played their role in the continuing political dramas that have afflicted Nigeria as it searches for a democratic model that will allow room for it to reconcile and positively unleash the enormous energies of the different ethnic groups and diverse cultures within it.

Meanwhile, like other Nigerians over the past decades, they have also sat back and watched as the country lurched from one unstable democratic structure into military coups and dictatorship, the end result of the failure of the search for freedom.

LANGUAGE

The origin of the word Igbo itself is not very clear. Some sections of the Igbo speak of the rest as **'Ndi Igbo'** (Igbo people). Thus the West Niger Igbo refer to all East Niger Igbo as 'Igbo'; The Onitsha people refer to all living east of them as Igbo, while the Aro refer to all others, including Nri and Onitsha as Igbo. It has been said that the word means 'forest dwellers,' or 'people of low status,' even 'slaves.' However, the Igbo expert Professor M. A. Onwuejeogwu maintains that, based on linguistic uses of the word, 'Igbo' means 'The Community of People.'

Talking of the Igbo in this way means talking about two cultural phases: the pre-colonial Igbo with a type of basic cultural unity irrespective of the existence of sub-cultures; and post-colonial Igbo (British colonial administration formally began in 1901) with basic cultural diversities not just local variations of sub-cultures. These cultural phases have of course affected the language.

The first studies

Scientific interest in the study of the Igbo language began with the colonial experience in the early 19th century, amongst missionaries who realised that a knowledge of African languages was an essential tool in spreading the message of the Bible.

Between 1852 and 1900, more than ten works had been published in the language, mainly by missionaries. They found the language difficult because of the huge number of dialects, its richness in prefixes and suffixes and its heavy intonation.

Nevertheless, the books they produced in Igbo mainly focused on grammar and translations of sections of the Bible. However, unlike the two other major Nigerian languages, Hausa and Yoruba, it remained underdeveloped, particularly in relation to the development of a literary dialect of the language.

The different Igbos

In the absence of a widely accepted literary form — a poisition reinforced by the political fragmentation of Igbo societies and the lack of a pan-Igbo state (apart of course from the three years secession from Nigeria between 1967 and 1970) — the language has remained dominated by different dialects. Market-places and other common cultural Igbo institutions such as the Oracles meant that a 'spoken union' or 'market Igbo' has developed amongst the so-called 20 dialects identified by N. W. Thomas, one of the first anthropologists who, in the 1920s, looked at Igbo culture.

The dialect that the missionaries first had contact with was the Onitsha dialect, out of which the first literary Igbo developed. This dialect was not as widely spoken as the Owerri or Central dialect, which was nearer the original heartland of Igboland and therefore at the root of many of the Igbo dialects. So, at a later stage the Church Missionary Society (CMS) developed a sort of 'union' — 'Union Igbo' — out of a combination of Onitsha, Owerri, Arochukwu, Unwana and Bonny dialects.

Religious divisions

An Igbo Bible and prayer-book were produced in 1913 by Archdeacon T. J. Dennis in the new Union Igbo, although it was spoken or written by few people. It however became the main means of communication, until the emergence of a ruthless rivalry with the competing Roman Catholic Church, which was also fishing for souls and had its own school system.

The Catholic Church first stuck to the Onitsha dialect, before combining this with Union, as they found that outside the Onitsha areas, the Onitsha dialect did not travel well. Union Igbo thus remained the best attempt to create a national dialect and it was very nearly successful. Sadly, disputes over a standardised written script scuppered it.

ALPHABET

The Igbo did not develop an indigenous script to write their language, although there were limited scripts which developed amongst secret societies in certain parts of Igboland in order to pass on their secrets.

So for instance in Ngwaland there was the **Uri Ala** script, associated with the Okonko secret society, and amongst the Cross River peoples, there was the **Nsibidi** writing said to have been developed by the Aro, and which was highly developed and associated with the Ekpe secret society. Finally there was also **Ikpa Akwukwo Mmanwu** (literally 'reading the book of the masquerade') used in secret societies in other parts of Igboland.

However, these systems were limited and when the missionaries arrived in the 19th century they attempted to develop a script solution not only for the Igbo language, but one that would be applicable to other African languages.

The renowned Egyptologist, Carl R. Lepsius, was called upon to adapt the Latin alphabet. Through the use of diacritic marks and the combination of certain alphabets to produce new sounds unknown to European languages, Lepsius was able to design an orthography which by and large met the basic needs of the missionaries in Africa and Asia. This he published in 1855 as the Standard Alphabet.

The alphabet was modified in 1908 using vertical lines or even dots to produce new sounds out of vowels, and it was this modified version which was used in printing the Igbo Bible in 1913.

It continued to be modified at such a rate that, by the 1920s, the Lepsius alphabet had almost broken down. There had been only six vowels which were not enough since it required at least eight to represent effectively all the significant sounds in the Igbo language. Also the number of diacritic marks (which were frequently omitted or altered) was an additional problem.

A new orthography

The response to this was a new Orthography of African Languages put together by the International African Institute in 1929. For Igbo this meant the elimination of diacritic marks, and included the addition of two new vowels. While the Catholic mission and the colonial government adopted the 'New Africa' script, the Protestant missions stuck to the old one, and were supported by important Igbo organisations like the Igbo State Union and the Society for Promoting Igbo Language and Culture.

Confusion reigned and the situation was not clarified until the 1950s when the colonial government set up the Onwu Committee which would recommend a script which would be imposed on all sides. The Onwu Orthography stuck with the eight vowels of the 'New Africa' script, but extended the use of diacritic marks by deciding to create 'light' vowels out of **i** and **u** by the use of subscript dots — **i̩** and **u̩**. This orthography was adopted by the Government.

Despite its adoption, Written Igbo has not really developed — mainly because Igbos passionately embraced the English language for pragmatic reasons. They saw it as the way to get ahead in the new scientific and political colonial world which confronted them. For instance, by the 1920s, Church Missionary Service churches which continued to teach in Igbo began to lose pupils to the Catholic missions which were instructing in English. Igbo was felt by parents to be backward, as those Igbos who had power and prestige as court clerks in the new system, were those who had a good command of English.

A passion for English

This passion for English can be seen in the number of prominent Igbo writers such as Chinua Achebe and Cyprian Ekwensi, who have gained worldwide reputations by writing African literature in English. The main consequence of this has been that the Igbo language has very little literature.

The few books include 'Ala Bingo' by D. N. Achara (1933), 'Omenuko' by Peter Nwana (1933), 'Ije Odumodu Jere' by L. B. Gam (1952) and 'Elelia Na Ihe O Mere' also by Achara (1952) — and, since the end of the Nigerian Civil War, the novels by T. Ubesie and a few children's books by Achebe.

Igbo in the 21st century

Igbo is now taught in Eastern Nigerian schools at all levels, and is one of the three nationally recognised indigenous languages (Yoruba and Hausa being the other two) outside of English, the language of government. (The national news, for instance, will be delivered first in English, with Yoruba, Hausa and Igbo versions following).

However, it has broadly remained a vibrant oral language. Its fortunes have mirrored the fortunes of the Igbo people themselves. Having not independently established a widely accepted indigenous script across Igboland, the language and the Igbo have been caught up and subsumed within the wider political calculations of British colonial authority and the multi-ethnic Nigerian state which emerged at the end of British colonialism.

Ever pragmatic, the Igbos have adapted to deal with these external challenges. That adaptation has frequently meant discarding traditional ways of doing things and taking on what was seen as the practical strengths of the new dispensation. The opposite of developing and improving Igbo culture and language itself to meet the challenges (as the Japanese did when faced with similar problems) was really not attempted with any confidence.

Since the Civil War and the creation of several Igbo states, attempts at an internal Igbo renewal have faced even more formidable obstacles. Igbos are sensitive to accusations that the aggressive development of any such pan-Igbo language or cultural initiative is seen as 'stoking up' Igbo nationalism through the back door.

The Igbos are thus caught on the horns of a dilemma. To develop and improve their language — in order to make it relevant to the modern world — raises fears. However, not to do so will increasingly make the language less relevant and practical to the modern world — with all the implications and consequences this has for Igbo culture and the people themselves.

THE OFFICIAL ONWU ORTHOGRAPHY

a	b	gb	d	e
f	g	gh	h	i
ị	j	k	l	m
n	ṅ	o	ọ	p
kp	r	s	sh	t
u	ụ	v	w	y
z				
ch	gw	kw	nw	ny

This present standard orthography, though the most widely used, is not, however, the only one. There are some orthographies based on regional dialects that contain as many as 50 consonants and a dozen vowels but they are not sufficiently used to merit attention. The Onwu alphabet has been used in this book.

Further Reading
Soon to be published is *The Nigerians: A Handbook* (Bennett and Bloom, London, United Kingdom — www.bennettandbloom.com).

A VERY BASIC GRAMMAR

WORD ORDER

The structure of Igbo is quite simple and generally follows a word order similar to English, e.g.

O gàrà ahịa echi.
'He went to market yesterday.'
(literally: 'He went market yesterday.')

TONE

Igbo is a tonal language. This means that the syllables of each word are pitched high or low in relation to one another. It's a bit like singing and the way how you assign specific notes—or tones—to the parts of each word, i.e. it's as if every word has a particular melody. Although this is not the same as using stress in languages like Spanish, Swedish or English, for example, there are clear parallels where stressing syllables is used to achieve a similar (but more limited) system of contrast, e.g.

English: **ⁱⁿvalid** = 'incapacitated person'

in^{va}lid = 'not valid'

ob_{ject} = noun

ob^{ject} = verb

Spanish: **pa_{so}** = 'I pass'

pa^{so}* = 'he/she passed'

Or, as an even closer example, compare the difference in intonation (which approximates to 'tone') of the word 'radio' in what are otherwise identical sentences:

Statement: It's a ^{ra}_{dio}. *Question:* It's a _{radi}^o?

---

* In practise, written with an accent as **pasó**.

a = pat   e = pay   i = feet   I = pet   o = so

Every word in Igbo has a basic high tone or low tone,* e.g. **avù** 'song' is made of a high tone syllable **a** plus a low tone syllable **vù**. Try pronouncing this by saying, rather than singing, a high note followed by a lower note at exactly the same volume. Try this for **àhụ** 'body' (low-high) and **anụ** 'meat' (high-high — both parts pronounced on a similar [high] level or note). The word **Ìgbò** itself is made of two low tones, both parts also pronounced on the same (low) level or note.

When words are combined with each other in phrases or sentences, the tones are often mixed together to create new patterns and combinations of high and low, triggered by the word before or after or simply by the effect the speaker wishes to impart. Tones are not usually marked in the written language.

Tone is used in the grammar of the language (e.g. where English would use a separate word, but look back at the Spanish example above), and sometimes to distinguish between words that are otherwise similar. An extreme example of words indistinguishable in spelling but quite different in tone, and therefore meaning, is as follows:

'cry'	**akwa**	⌐**ak wa** HIGH HIGH⌐
'cloth'	**akwà**	⌐**ak** HIGH **wa** LOW⌐
'egg'	**àkwa**	⌐**wa** HIGH **ak** LOW⌐
'bed'	**àkwà**	⌐**ak wa** LOW LOW⌐

Note that here, to keep words uncluttered, high tones are left unmarked, and low tones with an accent.

The concept of tone may sound a little strange at first, but it is a worldwide phenomen. For example, most languages in Africa and many in the Far East are tonal, such as Chinese, Vietnamese, Thai, Toruba, Twi and Hausa. Igbo is certainly not as complex as, say, Chinese or Yoruba, and you

---

* A mid-tone betwen the two also exists, but since it's not so important, it has not been marked in this book.

ọ = m**o**re   **u** = s**oo**n   **ụ** = p**u**t   **ṅ** = si**ng**

should have little difficulty in making yourself understood while you develop an ear for good tonal pronunciation.

And remember you don't have to be musical — even people who are tone-deaf speak tonal languages exactly the same as other speakers!

VARIATIONS

As noted elsewhere in this book, be prepared to meet many variations in the speech of Igbo-speakers, and remember that there is no 'correct' or 'incorrect' way of speaking. The important thing is communication — to understand and to be understood.

Very much like in English, the consonants, vowels and tones of Igbo vary widely from area to area, constantly changing according to how and when they appear in speech. The official alphabet, needless to say, doesn't reflect any of these variations. Be also prepared for differences in vocabulary, not only in basic Igbo vocabulary but also as a result of borrowings from English, Pidgin or neighboring languages.

Like other unrelated languages such as Turkish, you may hear people describe Igbo as having 'vowel harmony.' This means that under certain circumstances vowels may adapt under the influence of other, dominant vowels in a neighboring word or phrase. But once you find your ear for understanding Igbo, you'll see that there are quite logical rules for this. This creates further variations in Igbo speech, but no more so than the variation, for example, encountered between American and British English vowels.

As a result of all these factors, and in the absence of a widely used standard language, a truly systematic representation of tone and vowel sounds is beyond the scope of this small volume. The markings used here are for general guidance only and should not be used as a system of rules. The dictionary section does not mark tone. All comments and suggestions will be gratefully received in the event of a future revised edition.

a = pat   e = pay   i = feet   i = pet   o = so

NOUNS

There is no real word in Igbo for 'the' or 'a/an', conse-
quently **motò** can mean 'the car', 'a car' or just simply 'car.'

Likewise, there is no plural as such: in most cases, it is
quite evident from the context whether a word is singular
or plural, so **motò** can also mean 'car' or 'cars.' Words like
umu and **ndị** 'people' are sometimes used to specifiy
plurality, e.g. **Ndị Igbo** means 'the Igbo people' or simply
'Igbos' while **umu nwanyi** means 'women' and **umu nwoke**
means 'men.'

'Of' is formed by simply putting two words together.
There may be changes in the tones of the words, created
by the new structure and to indicate there is a relationship
between them, e.g. **àchịchà + Ọnịchà = àchịchà Ọnịchà**
'bread of Onitsha,' **àlà + Ìgbò = àla Ìgbò** 'Igboland'

Igbo is a language rich in vocabulary and expressions,
but, like English, it is never afraid to borrow or coin new
words. It has simple, effective ways of immediately
creating compound words using **ọnye, òde, ògụ, òje, òra,**
etc, which can mean 'doer/maker of,' using a similar
construction to the genitive described above, e.g.

òde akwụkwọ	–	writer	('doer of writing')
òra mmịrị	–	rainmaker	('maker of rain')
òje ṁbà	–	passenger	('doer of travel')
ògụegwu	–	singer	('maker of song')

ADJECTIVES

There are only a few true adjectives in Igbo, and the most
important you need to know are included below:

ọma good; beautiful	**duṁ** all
ajọ̀; ojọ̀ bad	**niịle** all
ọcha clean; white	**ukwu** big
ọzọ other	**ncha** all

Ajọ̀ is used before a noun, the others come after, e.g. **ajọ̀
motò** 'bad car', **motò ọma** 'good car', **ihe ọzọ** 'another
thing,' **ụlọ ncha** 'all (the) houses.'

ọ = more   u = soon   ụ = put   ṅ = sing

A more common way of making adjectives is to take a noun that expresses a quality and put it next to the word you want to modify, e.g. **nnukwu motò** 'big car' where **nnukwu** literally means 'bigness.' Other nouns used this way are:

abadaba width	**mkpumkpu** shortness
obere smallness	**ogologo** length/height
ochie oldness	**ohuru** newness
ezigbo/ezi goodness	

e.g. old car **motò ochie**
new car **motò ohuru**
ezigbo ihe very good thing
ezi azu good fish

Verbal forms using nouns are also used, like **-pe m̀pe** 'to be small' which literally translates as 'to have smallness.' Other examples are:

-je òji 'to be black'	**-cha òcha** 'to be white'
-hi nne 'to be much/many'	**-bu ibù** 'to be fat'
-ma mma 'to be beautiful/good'	**-jọ ǹjọ** 'to be bad'

e.g. **o hiri nne** 'they are many'
(literally: 'it is characterized by manyness')
o di ohuru 'it is new' (lit. 'it has newness')
o di ogologo it is long (lit. 'it has length')

ADVERBS
Most adverbs have a single form which doesn't change. Some examples:

mma well	**ebe-ahù** there
ojọ badly	**ugbu-à** now
ebe-à here	**echi** tomorrow

Like adjectives, nouns are also used to give the sense of English adverbs, using words like:

osiiso 'speed'	**òzìgbo** 'immediacy'
nwyaoo 'slowness'	**ofuma** 'wellness'

a = pat   e = pay   i = feet   i = pet   o = so

e.g. **O nàrà ụlọ osiiso.** 'He went home quickly.'
(lit. 'He went home with speed.')
O nàrà ụlọ òzìgbo. 'He went home immediately.'
(lit. 'He went home with immediacy.')

PREPOSITIONS

Igbo has an extremely useful all-purpose preposition — **na** — which means 'in', 'on', 'at', etc. Its meaning will always be clear from the context. It can change tone or be abbreviated, e.g.

na + **motò**	=	**nà motò** 'in the car'
na + **ubì**	=	**n'ubì** 'on the farm'

However, the sense of English prepositions is mostly rendered by modifications to the verb (see below).

PRONOUNS

Basic forms are as follows:

SINGULAR		PLURAL	
I	**m; mụ**	we	**ànyị**
you *singular*	**ngị; gị**	you *plural*	**ụnụ**
he/she/it	**ya**	they	**ha**

Tones and form will vary according to use, and, in general, these are used as both subjects and objects of the verb. 'We' has two forms: the inclusive **ànyị nìine** 'we all' (= 'us and you'), and the exclusive **ànyị nwà** 'we ourselves' (= 'us not you').

There is another set of pronouns used as subjects of verbs only for some of the singular forms: **i/ị** is used for 'you', **o/ọ** for 'he/she/it' while **e/a** is used for impersonal expressions, meaning 'one,' 'they,' or 'people,' e.g. **È jeghi.** 'People didn't come.' This corresponds to the French 'on,' German 'Mann,' or Hausa 'a.'

Word order and tones can be flexible, e.g.

Mu àzuola yà. 'I have bought it.'
O hùrù m. 'She saw me.'
Azùrù m̀ motò. 'I bought a car.'

ọ = more   u = soon   ụ = put   ṅ = sing

There is also an emphatic set of varying forms , some written occasionally with a capital letter: 'I' **M̀/M̀mụ/ Àmụ**, 'you *singular*' **Ngị/Àgị**, 'he/she/it' **Ya/Àya**, e.g. **Àmi mèrè ya.** '*I* did it!' or 'It was *me* who did it!' The plural forms are the same as above.

Possessive pronouns come after what is possessed. Again, tones can vary according to use:

SINGULAR		PLURAL	
my	**m**	our	**ànyị**
your *singular*	**gị**	your *plural*	**ụnụ̀**
his/her/its	**yá**	their	**há**

e.g.　**ụlọ** 'house' + **m** 'my' = **ụlọ m** 'my house'

　　　ụlọ + **ya** 'his/her/its' = **ụlọ ya** 'his/her/its house'

Demonstratives follow the noun, often with an accompanying **-nàa**:

à	this/these
ahụ̀ *or* **afụ̀**	that/those

CONJUNCTIONS

These are flexible in meaning. The most common are:

nà and; that		**kà** as; that	
mà if; but; and		**kwà** as; so	
kà ... kà both ... and		**ntà** then	
tùtùù until		**mànà** except that	
tupu; tutu before; until		**màkà (nà)** because of	
mà ... mà both ... and; whether ... or			
kamà; tumà instead of; even if			

VERBS

Igbo takes the basic form of the verb and adds on other parts to modify the meaning, e.g.

je	go
ije	to go
o jè	he went
o jèkọ̀	he is going

a = pat　　e = pay　　i = feet　　ị = pet　　o = so

| **o jewere** | he continued to go |
| **o jekpòrò** | he completely went |

As mentioned in the section on pronouns, there is a special short form of pronouns, limited to certain persons:

SINGULAR		PLURAL	
I	**m**	—	
you singular	**i/ị**	—	
he/she/it	**o/ọ**	they	**ha/hụ**

These are used with **e-/a-** attached to the beginning of the verb, e.g.

ejèrè m̀ 'I went'
ejèrè hà 'they went'

There is basically no diffence in meaning between this form and the fuller version, e.g. 'I shall go tomorrow' is either **Agàrà m̀ èje echì.** or **M gàrà èje echì.**

In English you can modify the basic meaning of a verb by adding prepositions. Often this is a simple physical modification, e.g. 'to come,' 'to come up,' 'to come down,' 'to come across.' This addition can create a new meaning that is far removed from the original verb, e.g. 'to put off' means 'to postpone,' 'to put down' can mean 'to humanely kill an animal,' 'to put up with,' means 'to tolerate,' and so on. Igbo has a similar system, with a greater range of uses, and uses a wide range of suffixes to a verb's meaning. Some important ones that are expressed by prepositions, conjunctions or separate verbs in other languages are:

-dụ stop		**-kọ** together	
-gbà with		**-tù** down	
-hàa ever		**-kwàsị** again	
-ta for		**-kata** so much . . . that	
-be from		**-sịsị** continuously	

e.g.   **imedu** 'to stop doing'
   ibikọ 'to live together'
   imekwàsị 'to do again'
   ịzụta 'to buy for *someone*'

ọ = m*ore*   u = s*oo*n   ụ = p*u*t   ṅ = si*ng*

Note that you'll commonly find **a-** or **e-** attached to the beginning of verbs, often with no apparent change in basic meaning, e.g.

chi 'buy' — $\left.\begin{array}{l}\textbf{Achì m amotò.}\\\textbf{M chì motò.}\end{array}\right\}$ 'I (**m**) am buying the car (**motò**).'

Changing the basic tone of the verb can also give extra meaning.

The negative is generally formed by putting **-ghi/-ghị** 'not' immediately after the verb, e.g.

zu 'buy' — **zu-ghì** 'not buy'
Ò zughì motò. 'He didn't buy a car.'

The tone can vary and sometimes **a-/e-** may be added with no change of meaning, e.g.

Ànyì àzughì motò. 'We didn't buy the car.'

Note that some tenses have their own special forms of 'not', so be prepared to encounter unfamiliar forms.

ESSENTIAL VERBS

The verb 'to be' is expressed in a variety of ways, including **bụ** (but see also the section above on adjectives):

Ị bụ ọnye Nijeriya. 'You are Nigerian.'
A bụ m ọnye Ocha. 'I am English.'
A bụ m ọnye Amerika. 'I am American.'
A bụ m ọnye Jaman. 'I am German.'

O bụ ugbọ ala. 'It is a car.'
Ụgbọ ala buru ibu. 'The car is big.'

The verb 'to have' is generally expressed with **nwere**:

E nwere m nwa-nne nwoke. 'I have a brother.'
E nwere m ugbọ. 'I have a car.'

PRONUNCIATION GUIDE

Igbo letter	Igbo example	Approximate English equivalent
a	**aka** 'hand'	p**a**t
b	**-bà** 'enter'	**b**ox
ch	**-cha** 'wash'	**ch**air
d	**ndù** 'life'	**d**og
e	**egò** 'money'	p**ay**
f	**afọ** 'belly'	**f**ox
g	**egò** 'money'	**g**et
gb	**Ìgbò** 'Igbo'	—
gh	**agha** 'war'	—
h	**àhụ** 'body'	**h**at
i	**isi** 'head'	f**ee**t
ị	**ádịrị** 'line'	p**e**t
j	**-je** 'go'	**j**et
k	**àkwa** 'egg'	**k**ick
kp	**àkpà** 'bag'	—
l	**àlà** 'land'	**l**et
m	**-me** 'do'	**m**at
n	**anụ** 'meat'	**n**et
ṅ	**aṅụ̀** 'bee'	si**ng**
o	**-go** 'buy'	s**o**
ọ	**ọjị** 'kolanut'	m**ore**
p	**-pù** 'go out'	**p**et
r	**ìri** 'ten'	**r**at, but 'rolled' as in Scottish English
s	**isi** 'head'	**s**it
sh	**ịsha** 'crayfish'	**sh**ut
t	**ǹtu** 'nail'	**t**en
u	**ùchichì** 'night'	s**oo**n
ụ	**ụlọ̀** 'house'	p**u**t
v	**avù̀** 'song'	**v**an
w	**ewu** 'goat'	**w**ell
y	**ya** 'he/she/it'	**y**et
z	**azù̀** 'fish'	**z**ebra

ọ = m**ore**   u = s**oo**n   ụ = p**u**t   ṅ = si**ng**

Nothing beats listening to a native speaker, but the following notes should help give you some idea of how to pronounce the following letters.

CONSONANTS

kp This is a single sound, but it might help you to see it as a combination of **k** + **p** pronounced simultaneously. Get your mouth ready to say a '**k**' but articulate it with your lips as a '**p**'.

gb Like **kp** this is a single sound, but again it will help you to see it as a combination of **g** + **b**. get your mouth ready to say a **g**, but articulate it with your lips as a **b**.

— It might help to look at **kp** and **gb** as being 'emphatic' or 'heavy' versions of **p** and **b** respectively.

gh This is pronounced like a sort of growl in the back of your throat — like when you're gargling. The German or Parisian 'r' is the easy European equivalent.

m This can be a syllable in itself. Its pronunciation is similar to how you would say 'uhm' in English — i.e. something between 'um' (= 'I'm not sure') and 'mm' (= 'yes'). Examples are **mmiri** ('uhm-me-re') 'water,' **mbà** ('uhm-ba') 'no' and **m** ('uhm') 'me/I/my.' Like any syllable with a vowel, it can be a high tone or a low tone.

n Like **m** above, **n** can alo be a syllable in itself. Its pronunciation is similar to how an English person would say 'uhn' — i.e. something between the 'n' in 'rock'n'roll' and the 'un-' in 'unlimited.' Examples are **ndi** ('uhn-de') 'people' and **nri** ('uhn-re') 'food.' Again, as with **m**, it can be high tone or low tone. But note that it is not pronounced separately in front of **y** and **w**, e.g. **nwa** ('nwa') 'child' and **anya** ('a-nya') 'eye.'

EXTRA NOTES

1) In many cases **ch** and **s** can sound like **sh**, and **gh** like **kh** (like the 'ch' in Scottish 'loch' or German 'Ich'). **F** and **h** can alternate also.

2) Note that there are different ways of writing the sound 'ng' — **ṅ**, **'n** or simply not marked. It is also unmarked but pronounced in words like **anwụ** sunshine ('ang-wo').

3) Don't be put off by the dots under **ị** and **ụ**. It may help to remember that **ị** is a form of **e** and **ụ** is a form of **o**.

IGBO
DICTIONARY

IGBO-ENGLISH
IGBO-BEKEE

A

aba bottle
abali night
abali gara aga last night
abiidii alphabet
abu poem; poetry
abua two; second
abuakwa lament
abuariri elegy
abuba isi; abubara isi hair
abumonu curse
abuune lyric
achaghi acha unripe
achara grass
achicha bread; biscuit; cake
achoghi anti
acho mmeko discriminate
acho mmeko ncha discrimination
ada daughter; first-born daughter
adafu uno cheap
adighi absent
adighi chim-chim uncomfortable
adighi egwu safety
adighi ike easy; soft; weak
adighi ncha zero
adimadi pattern
adomokoro antagonism
Afirika Africa
afo stomach
afo year
afo gara aga last year
afo iri decade
afo mkpochi indigestion
afo nabia abia next year
afo nkaa this year
afo ohihi stomachache
afo ojuju comfortable
afo okwu bladder
afo onu mustach
afo owuwu cholera
afo ukwu ankle
afo-onu beard

aga ako ihe pasture
aga eche delay
agada bed
agada dikotara double bed
agada eji edote ihe table
agada mattress
agada nwatakiri cot
agadi old
agba chin; jaw; part
agbada dagger
agbaetiti average
agbaghara disturbance
agbanwo stereotype
agbara oath
agbaragharii enigma
agbata district; environment
agbata-obi neighbor
agbayi boot(s)
agbayi ukwu sho(es)
agboghobia lady
agburu ethnic
agha war
aghia ekere nut (food)
aghirigha ego coins
aghotaazaa comprehension
agomago incantation
agu hungry
aguguala history
agumagu literature
agumakwukwo education
agumakwukwo nkuzi education
  (teacher)
agumakwukwo praimari primary
  education
agumakwukwo sekondiri
  secondary education
aguu hunger; malnutrition
agwa bean(s); attitude; character
agwara feature
agwara okwu confrontation
agwaraagwa hybrid
agwo snake

$$\varrho = \text{more} \quad u = \text{soon} \quad \underaccent{.}{u} = \text{put} \quad \dot{n} = \text{sing}$$

agwo otita snake bite
aha name
aha ebe ibi address
aha nnagi surname
ahia market
ahia ajia black market
ahia akwụkwọ nri vegetable shop
ahia akwụkwọ stationer's
ahia iwu black market
ahia ukwu supermarket
ahihia garbage
ahihia nri salad
ahihia ọgụ herbs
ahiri line
ahiri nkwa row
ahiri oge timeline
ahiriokwu sentence
ahiriuda rhythm
ahu body; **ahu adighi m.** ill: I am ill.
ahụ ekere groundnut
ahu ekere peanut
ahụ ike healthy
ahu ima ihe mature
ahu mgbu pain
ahu ojo disease
ahu ọjọọ ill
ahụ ọkụ fever;
ahụ ọma health
ahu-ọkụ *medical* cold
ahuhu ntaramahuhu punishment
ahuhu insect; fly
ahuhu n'ebụ ọya bacteria
ahuhu passion
ahumihe experience
AIDS AIDS
aja sand
aji onu mustach
ajo nasty
ajuaza quiz
ajuire antidote
ajuju question
ajuju nchoputa questionnaire
aka hand; arm; limb
aka nka style
aka edemede style of writing
aka ikpa left
aka oru eji mara ọnye profession

aka uwe sleeve
akaa mere igwe engineer
akaebe evidence
akara mmuke asterisk
akaraaka destiny; fate
akaranta diacritic
aki bekee coconut
akidi beans
akika termite
akikọlọ scale
akisi bean(s)
akisident accident
ako subtlety
akọ n'uche wisdom
akomako narration
akpa afookwu bladder
akpa bag; pocket; purse; sack
akpa eji ehi ura sleeping bag
akpa nwa womb
akpa nwamiri kidney
akpa onyinya backpack
akpaalaokwụ idiom
akpi scorpion
akpiri throat; **Akpiri n'akpo m nku.** I'm thirsty.
akpu osisi bud
akpu cassava
akpukpo anụ leather
akpuruapu sculpture
akụ dabidoro mmadụ inheritance
aku na uba fortune
akụ ọyịbo coconut
akuko; akuko aroroaro fiction; story; report
akuko mgbeaka legend
akuko ifo fable
akuko mgbokpụ legend
akuko mkpirisi short story
akuko mmụo fairy tale
akuko n'abụ ballad
akukonsinooge chronicle
akukoabu ndiife folk ballad
akukoala history
akukonndu (ọnye) biography
akukonduụnwe autobiography
akuku section
akumakpu aromaro composition (essay)

akwa cloth; sheet; egg
akwa agada sheet
akwa eji achu oyi blanket
akwa eji ehicha ahu towel
akwa eji ehicha aka napkin
akwa ogodo tampons
akwa mgbochi curtain(s)
akwara vein
akwauwa blues
akwobiri amputation
akwu hip
akwukkwa bed
akwukwa mmiri bridge
akwukwe eji ana n'aka credit
    card
akwukwo book; paper
Akwukwo Nso Bible
akwukwo akuko Bekee novels in
    English
akwukwo anaeziga na ugbo elu
    air mail
akwukwo anwuru oku cigarette
    papers
akwukwo arumaru workbook
akwukwo ego bank notes
akwukwo eje ehicha ike toilet
    paper
akwukwo eji aba ugbo elu
    boarding pass
akwukwo eji akwu ugwo bill
akwukwo eji anya ugbo driver's
    license
akwukwo eji ede ozi writing
    paper
akwukwo eji eje ije passport
akwukwo etinyere naka ndi ozi
    registered mail
**akwukwo ichebido ihe maka
    mmebi** insurance
akwukwo igosi ihe guidebook
akwukwo ihe ndote notebook
akwukwo ilogha ego check
    money
akwukwo inabata no obodo visa
akwukwo naezi uzo obodo road
    map
akwukwo nleghari anya
    magazine
akwukwo nri green; vegetables

akwukwo omumu textbook
akwukwo osisi leaf
akwukwo ozi letter; newspaper;
    postcard
akwukwo ugbo ala car papers
akwukwo ugwo bill
akwukwo ukwu university
akwukwongosi brochure
**akwukwo eji achota ihe okwu
    putara** dictionary
Ala Nde Ojii Africa
ala aga ako ako fallowland
ala down; earth; ground; floor;
    land;country; low
ala n'eto ihe fertile land
ala ngu marsh
ala okponku desert
ala oma fertile soil
ala oma jigi jigi earthquake
ala-mmadu country
alukwa yim divorce
ama ukwu main square
amakekwu folk dancing
ambulans ambulance
ami reed
amuma dirty
ana edote ihe eji aka mme art
    gallery
anagi aso anya rude
anakpo m . . . I am called . . .
ano four
anu meat
anu aturu mutton
anu ezi pork
anu nama beef
anu nso totem
anu ewu goat meat
anumamu animal
anwu sun
anwu wasp
anwu nacha it is sunny
anwu ochicha sunny
anwuru tobacco
anwuru oku cigar; cigarette
anwuta mosquito
anya eye; far
anya ike ax; pickax
anya kamera lens
anya mmiri tears

o = m**o**re   u = s**oo**n   u = p**u**t   ṅ = si**ng**

anya-anwụ sun rays
anyị we *inclusive*
anyịnwa we *exclusive*
anyụ bee
apa aka elbow
apiri throat
ara breast
ariommgbaghara apology
ariri insect
aro thought
arumaru exercise; project; argument
aruru okwụ play on words
aruruaro construct
asambo certificate
asaa seven
asato eight
asi false; lie
asimba xenophobia
asisa sandpaper
astrọlọji astrology
astrọnọmi astronomy
asughara dagger
asusu language
asumasusu abuọ bilingualism
asusu epum/nne mother tongue; **asusu ogbedu** patois; **asusu mbu** first language; **asusu agwaragwa** pidgin; **asusu amumamu** technical language; **asusu edereede** written language; **asusu krio** creole; **asusu mba /mbiabia** foreign language; **asusu ofufe** sacred language; **asusu onụ** spoken language
asusu akara sign language
asusu izugbe standard language
asusu mpaghara regional language
asusu nkweko lingua franca
asusu obodo/ala national language
asusu ọchichi official language
asusu ozuruuwa/ozurumba international language
ato three; third
atu afụ same
atukwasiri included

atumatu nkuzi scheme of work
aturu sheep
atutu theory
awo frog
ayan iron *for clothing*
aziza answer; broom; brush
azu fish; back; behind
azuazu forwards

B

baibai! goodbye!
Baibulu Bible
baket bucket
bampa bumper
banki bank
bara uru useful
barbed waya barbed wire
basketbọl basketball
bata! come in!
battery battery
baye enter
becha peel
Bekee English
biko please
binoculars binoculars
blakbọd blackboard
blanketi bedcover; blanket
blu blue
blues blues
boda frontier
bọl ball
bọmbọ bomb; shell; missile
bombo na agbawabegi unexploded bomb
boot boot
bosi cat
bosu bus
brake brake
briki brick
bukaririibu too much
buru ozo *verb* lead
busu cat
buta butter

CH

chaati chart
chee consider
chei! ah!
chek check *money*

cheree wait
cheretu! excuse me!
cheretu? may I?
Chi God
Chikwe! God willing!
chim-chim comfortable
Chineke God
chokolat chocolate
choo want
chooku chalk
chota find
Chukwu God

D

da aunt; to fall
dam exactness
dayagram diagram
dayari diary
democracy democracy
di efere *adjective* light
di husband; very; have; be; **di nta**
   less; **di ofu** spicy; **di ohuru**
   fresh
dinka artist
dibia; dibia bekee doctor
dibia na awa ahu surgeon
dibia na elekota eze dentist
diegwu master musician
digrii degree
dika e.g.
dikariri more
dike hero
dindu alive
dinko sharp
dinotu autonomy
dioka expert
dionu ala cheaper
diploma diploma
disko disco
ditu mma better
ditu nta smaller
ditu ukwu larger
dizateshon dissertation
dokita; dokito doctor
dokita eze dentist
dokumenti document
dollar dollar
dosta duster
dube *noun* lead

E

e-mail e-mail
ebaa here
ebe where; place; location;
   campsite; beetle
ebe-a here
ebe-ahu there
ebe ana eri ihe ugbo ala auto
   spares store
ebe ama azuta ihie shop
ebe an ere ihe eji echeta obodo
   souvenir shop
ebe ana abanye check-in counter
ebe ana agba bol stadium
ebe ana agu egwu ukwu opera
   house
ebe ana akpa isi barber's
ebe ana akwusi na opupu station
ebe ana anu mmayi bar
ebe ana asa akwa laundry
ebe ana awa ahu operating
   theater
**ebe ana azuta ihe aga obodo
   ozo** travel agent
ebe ana eche nche checkpoint
ebe ana edote ego treasury
ebe ana edote ihe ala museum
ebe ana edote ugbo ala car park
ebe ana egwu egwu park
ebe ana ehi ura sleeping car
ebe ana eli mmadu cemetery
ebe ana eme achicha baker's,
   bakery
ebe ana eme mmanu refinery
ebe ana enweta ogwu pharmacy
ebe ana ere agbayi ukwu
   shoeshop
ebe ana ere akwukwo bookshop
ebe ana ere fulawa florist
ebe ana ere ihe azinulo hardware
   store
ebe ana ere ihe orire department
   store
ebe ana ere ihe shop
ebe ana eri ihe dining car
ebe ana eri nri restaurant
ebe ana etinye akwukwo edere
   mailbox

ebe ana etinye ibu baggage counter
ebe ana etinye ihe drawer
ebe ana etinye iko cupboard
ebe ana ewere akwụkwọ opupu ticket office
ebe ana eweta ozi information
ebe ana ihe imu oku electrical goods store
ebe ana teye akwụkwọ edere ede post office
ebe edotara reserved
ebe eme mmịrị ara ehi dairy
ebe ihe ise aka art gallery
ebe izu ike ọnye ije hotel
ebe izu ike ọnye obibia hostel
ebele pail
ebe mmịrị si bido river source
ebe ndi fada monastery
ebe ndi ncho akuko newsstand
ebe ndi oria clinic
ebe nju resource center
ebe nkiri scenery
ebe nkwusi ụgbọ igwe train station
ebe nzuko conference room
ebe obibi habitat
ebe obu ba check-in
ebe okporo ụzọ gafere crossroads
ebe okwusi ụgbọ ala bus stop
ebe onino ọnye ije guesthouse
ebe opupu mgberegede emergency exit
ebe otu ụzọ one-way street
ebe ozizo ihe file; documents
ebe ụgbọ elu n'ada; ebe ọdida ugbọ elu airport
ebge ukwu machine gun
ebighiebi eternity
ebu bee
ebube brave
ebubo accusation
echere odiaala folklore
echi tomorrow
echiche thought
ede coco yam
edecheta memoirs
edekwa edit

edemede composition; essay
edemsemina seminar paper
edendụonye biography
ederede article
edereede passage
edide article
edozi ego economy *of country etc*
edukeshon education
edumede nkaru lampoon
eeh yes
efere plate; bowl; dish; china
efu zero
efuọla m I am lost
egba ahia commercial
egbe gun; kite
egbe nta pistol
egbe tuum artillery
egbeokwọ exaggeration
egbo egbo boiling
egbomoku humidity
egbu egbu ax
egbugbere ihu forehead
egbugbere onu lip
eghere eghe ji french fries
ego money; cash; price; coin
ego aghirgha loose change
ego ala iji bia currency
ego anakwu na ebe ugwo elu nada airport tax
ego mbato income
ego ndota savings
egusi melon; watermelon
egweriri-egweri ground
egwu amakewu folk music
egwu song; composition; **egwu/uri alumdi** marriage songs; **egwu/uri dike/otito** praisesongs; **egwu/uri ọgbugba** dance songs; **egwu/uri okwu** love songs
egwu nkwa music
egwu poopu pop music
egwu ugbua modern music
egwu/nkwa odinaala traditional music
ehe yes
ehere ihe fried
ehesia anya concentration

ehi cow; cattle
ehihe; ehihie day; noon; afternoon
ejije drama; **ejije ndiife** folk drama; **ejije odinaala** traditional drama; **ejije ogbụ** pantomime; **ejije ohuruoha** popular drama; **ejije onụ** oral drama; **ejijedike** epic poetry
ejiji costume
ejima twins
ejirimara characteristics
eju snail
eke fate
ekene greet
ekereke creature
Ekesmesi Christmas
eketa basket
ekike; ekike egwụ costume
ekpa ihe na aka busy; occupied
ekwadoro recommend
ekwe approve
ekwechaghi skepticism
ekweghekwe disbelief
ekwemekwe belief
ekwomekwo abortion
ekwu cooker
ekwu igwe stove
ekwukwe ngu diaphram
ekwumekwu speech; performance
ekwureekwu okpụ traditional sayings
ekwuru theatre
ele ebe/ha? where is/are?
elekele-aka noun watch
elekra ọnye clock
elu up; high; thick
elu ụlọ roof
ema ihe clever
emechaa until
emechaa after
emenka carpenter
emi cause
emiriemi depth
emughu ahụ hurt
emume act
emume ngosi performance
emumenzuike interlude

enara borrow
eno four
enwe monkey
enweghi isi useless
enweghị zero
enwegi nwa barren
enwere ike to be able; can
enyi friend
enyi mba elephant
enyo picture
enyouche imagination
eri cotton
erimeri meals
eriri string; rope
eriri eji ado ụgbọ tow rope
eriri olu tie
eriyal television antenna
eruru caterpillar
esaa seven
esato eight
esereese diagram
eteghiete nine
etemte cycle
ethnic cleansing ethnic cleansing
etite center
etite obodo center of town
etiti average
etiti between
etiti obodo city center
eto three
etoto boil noun
evo accusation
ewa anyo to be cheeky
ewepuru excluded
ewu goat
ewumewu institution
eze king; sovereign; tooth/teeth
eze ngbu toothache
eze nwanyi queen
ezi lawn; pig
ezi nta suburb
ezi oku true
ezi okwu truth
ezi na ulo nuclear family; **ezi na ulo mbasa** extended family
ezie sure adjective
ezigbo real
ezum ike holiday

ọ = m**o**re   u = s**oo**n   ụ = p**u**t   ṅ = si**ng**

F

faks fax
fan fan
fataliza fertilization; fertilizer
fim; fiim film
fim nachaputa achaputa color film
fiyuz fuse
fiziki physics
fiziyo physiotherapy
flashikaadi flashcard
flawa flower
flint flint
fomula formula
foonu nti earphone
foto photograph; picture
fotokopi photocopy
fotokopia photocopier
foutin fountain
Fraide Friday
franc franc
Frenchi French
fulawa flour
fut *measurement* foot
futbol; futubol soccer
fuwel fuel

G

ga go; walk
ga naka ikpa turn left
ga naka nri turn right
gadaga bridge
gadin garden
galon gallon
gara aga past
gas gas
gawa move
gawa n'ihu proceed
gazeeti gazette
gbache blockade
gbanwe convert
gbasara concerning
gbaziri borrow
gbubie cut
gbujuo fill
gburu gburu circle
gburugburu round; roundabout
gerigi thin
gi you *singular*

gini wu ubochi taa? what date is it today?
gita guitar
giya gear
gol goal
gom chewing gum
gosi check
gova guava
gram gram
grama grammar; **grama okpu** traditional grammar
gulu glue
guo count

H

ha they
haba harbor
ha di? are there?
hapu leave
HIV HIV

I/I̩

iba flu; malaria
ibe akwa weep
ibe nkenke short-cut
ibi live
ibi ugwu circumcision
ibia aka vote
ibila mattress
ibo ebubo accuse
ibu fat
ibu load; goods
ibu kariri akari excess baggage
ibua two
ibufe promote
ibuli n'okwa promote
ibulita raise
iburu ibu fat
ibuwanye increase
ichafu isi scarf
iche ihu facing
iche n'ihu to focus
ichebibo to attack
ichi ozo chieftaincy
ichiachi authority
icho expect; look for
ichocha research *verb*
ichoputa discovery
ichu nta hunting

ichu osu chase
ida fail
ide write; aim at
idere copy
idetu iha list
idezi edit
idi afọ ole age
idide worm
idi iche different
idi ike intensity
idi ndu alive
idi ocha hygiene
idi ụtọ interesting
ido anay prove
idọla azu to retard
idọnyere ukwu to support
idozi mend
iduu saga
iduuazi novel
ifo folk tale
ifo ime pregnant
ifu to blow
ifufe air
ifuru/akuko okike
   myth/mythology
igadu arrive
igafe to pass
igagbe anya eyeglasses
igba sting; drum
igba abuo double
igba afa to divine
igbagbu assassination
**igbagbu mmadu nihu ogbara
   oha** public execution
igba egwu dancing
igba ihe bright
igba ihe plait
igba irogho curve; curved
igba mgba wrestling
igba nju to query
igbanwe exchange; reform; vary;
   **Achọrọ m igbanwe ego
   dollar.** I want to change some
   dollars.
igba oso athletics
igba ukwu kick
igbaputa liberation
igbasa expansion
igbati straighten

igbe box; case; suitcase
igbe anwuru oku carton of
   cigarettes
igbo nwe exchange
Igbo Igbo; **Ndi Igbo** the Igbo
   people; **dioka na nkuzi asusu
   Igbo** Igbo language teaching
   expert
igbu kill
igbu mmadu murder
igegbe anya contact lenses
igenti listen
ighe ihe fry
ighere onu empty
igidi foot *of leg*
igobata ihe na obodo import
igọsi perform; show
igụ n'isi recite *verb*
igwe bicycle; iron; steel; flock;
   herd
igwe edojila cloud(s)
igwe ọme ngwa ngw accelerator
igwe ndu iron
igwu flea; louse; tick
igwu ala dig
igwuagwu finish
igwu mmịrị swimming
ihe thing; something; light
ihe a na-ere ma ericha nri
   dessert
ihe akpuru akpu monument
ihe akpuru akpu statue
ihe ana akpu akpu pottery
ihe ana anu anu drink
ihe ana asa asa laundry
ihe ana ete nonu lipstick
ihe ana eti n'ukwu boots
ihe ana-enyi na amụ condom
ihe biri-biri candy; sugar
ihe di mkpo valuable
ihe eje ede akwu akwo pen; pencil
ihe eji abe mbo nail clippers
ihe eji abo isi hairbrush
ihe eji acho nma powder;
   mascara
ihe eji achu oyi ọzọ extra blanket
ihe eji agafe mmịrị bridge
ihe eji agba mmịrị hose
ihe eji agbako ihe calculator

ihe eji agbanye oku lighter
ihe eji aghu eze toothpick
ihe eji aka kpaa handicraft
ihe eji akpoghe ihe can opener
ihe eji akpoghe karama corkscrew
ihe eji aku ihu shaving cream
ihe eji ama oge anagba naka watch
ihe eji amunye oku matches
ihe eji anwunye anwuru oku ashtray
ihe eji ari elu ladder
ihe eji asa ahu shower
ihe eji asa eze toothbrush; toothpaste
ihe eji asa isi shampoo
ihe eji asa onu mouthwash
ihe eji atu ihe ruler
ihe eji atugbu ahụ anesthetic
ihe eji atukwasi akwụkwọ desk
ihe eji azu anumanu animal feed
ihe eji ede akwu kwo ballpoint
ihe eji ede akwụkwọ ink; paper
ihe eji edosi food processor
ihe eji egbo mmịrị umbrella
ihe eji egwu ihe drill
ihe eji ehicha ike toilet paper
ihe eji ehicha imi/ihu tissues
ihe eji ejide mmanu na ụgbọ tanker
ihe eji ejide mmanu oilcan
ihe eji ejide nchu anwu tent pegs
ihe eji ejide uweyi safety pin
ihe eji ejigide uweyi ukwu belt
ihe eji ekuta mmịrị bucket
ihe eji ekwo okwu nikuku telephone
ihe eji emechi akwụkwọ edere envelope
ihe eji emechi onya bandaid
ihe eji emeghari onu snack
ihe eji emehie karama bottle-opener
ihe eji esi isi oma deodorant
ihe eji etinye ihe vase
ihe eji etinye mmịrị water bottle
ihe eji ezi ụzọ sign
ihe eji isi nri cooker

ihe eji mara ụgbọ car registration
ihe eji-kpa akwa fabric
ihe elu climb
ihe emume occasion
ihe eseri ese drawing
ihe esieri esie to be cooked
ihe gbalu yari magic
ihe gbasara subject; topic
ihe gbasara iku ubi agriculture
ihe gbasara ndi ije tourism
ihe iguri egu toy
ihe ijide aka handle
ihe ima tụ model
ihe mgbakacha ahụ allergy
ihe mgberegde accident
ihe mme me ceremonial
ihe mmuya oku light bulb
ihe nachikata obodo constitution
ihe n'achipu ụmụ ahihia insect repellant
ihe nagu oku light meter
ihe n'aju ihe ogi refrigerator
ihe nakowa ụzọ map
ihe nakowasi obodo postcard
ihe n'ebe oku elektriki current; electricity
ihe nebuhie ebuhie infection
ihe n'ebuli elu elevator
ihe n'ebupu mmịrị ọjọọ drainage system
ihe n'efe-efe butterfly
ihe n'egbu ahuhu insecticide
ihe n'egbu anwuta mosquito coil
ihe n'egbu mmedu poison
ihe n'ejide anwuta mosquito net
ihe n'esi isi oma perfume
ihe n'eweta oku plug
ihe nezi obodo city-map
ihe ngosi direction
ihe nkechi package
ihe nkiri comedy; show
ihe nkwobi saw
ihe nracha ice-cream
ihe ntinye aka relief aid
ihe ntu oyi tụrụ freeze
ihe ntuda ụgbọ elu parachute
ihe o tita sandwich
ihe ochi concert; show;

a = pat   e = pay   i = feet   ị = pet   o = so

performance; fun
ihe ochie echedoro mma fossil
ihe ohuru jade; modern
ihe ojoo crime
ihe ọkụ flame
ihe ọmume activity; exercise
ihe onu necklace
ihe oputara development
ihe oputara okirikiri diameter
ihe oriri di iche diet
ihe oru aka occupation
ihe ọtụ-ụtọ candy
ihe oyi ice
ihe ozizi exhibition
ihe si na mmiri ara ehi cheese
ihe ubi crops
ihe ura asleep: to be asleep
ihe utita chewing gum
ihe okpom ọku acid
ihe-nile every
ihenti earring
ihi ura to sleep
ihogbu itunye akwụkwọ vote-
   rigging
ihoro select
ihu exterior; face; front
ihu akwụkwọ page
ihu ahu bath
ihu mmuo shrine
ihu na anya attraction
ihu n'ọgụ grill
ihu oma favour
ihu ubochi weather
ihuhu backwards
ihunanya love
ihuojo failure
ihuoma success
ijboru cassava
iji fly
iji ego acho ego business
ijiji housefly
ijiriji fog; misty
iju to be full up
iju afọ to be satisfied
iju ajuju interview
ika nulnya bias
ika okwu guess
ika death
ike bottom; difficult; hard; heavy;

strong; strength; force; power;
   share
ike ndi mmadu civil rights; human
   rights
ike ogwu gwu tired
ike ụgbọ ala exhaust
ikeolu stress; emphasis
ikili ụkwụ heel
iko cup; jug
iko ako to dry
ịkọ ihe cultivate
ikọ ihe planting
ikoke define
ikopi to copy
ikosara; ikọturu report
ikowadescribe
ikowasi define
ikpa maka discuss
ikpa nkata discussion
ikpalite stimulate
ikpate mmụo inspire
ikpe law; satire
ikpe azu lateness
ikpe ikpe onwu death penalty
ikpere knee
ikpesa to report
ikpọ pụ evacuate
ikpo(ko) pronounce
ikpụcha shave
ikpumi shift
ikpurukpu caterpillar
iku anya eyebrow
iku ihe crop rotation
iku ihe sowing
ikuku air; breeze; wind; oxygen
ikuku neku taa windy
iku obi plow
iku okpo box *fight*
iku ubi farming
ikwa ọzụ funeral
ikwado support
ikwasa counter
ikwe confirm; allow
ikwekọrita agreement
ikweta believe
ikwikwi owl
ikwo-ura snore
ikwu si ike declare
ikwụnwe repeat

ọ = m*o*re   u = s*oo*n   ụ = p*u*t   ṅ = si*ng*

ikwuputa announce
ikwusi cancellation
ikwusi ogu ceasefire
ile sell
ile isi ofe saucepan
ile okwu regional accent
ileba anya examine; investigate
ilekota supervise
ileta supervise
ili tomb
ilo wish *verb*
ilu bitter; proverb
ilu ogu battle
iluola di ko iluola nwanyi marital
  status
ima know
ima evuvu condensation
ima ihe knowledge
ime bake; in; inside
ime abali midnight
ime ala underground
ime ebere humanitarian aid
ime obodo city center
ime obodo interior *of country*;
  town; town center
ime ofia jungle
ime ulo room
imegbu mmegbu torture
imegbu wrong
imeghari revise
imegide oppression
imeji liver
imela thank you
imelite stimulate
imenwe repeat
imenwo revise
imeolu bedroom
imeputa ihe production
imetosi mmadu rape
imi nose
imiri amu to smile
imirikiti more
impi horn
imu anya awake
imuri amu laugh
inabata accept
inabata na ofo ojuju to entertain
  guests
inagide (amamihe) to retain

  knowledge
ine look
ini grave; cemetery
inji motor
ino occur
ino ala sit
inobido iche bido interference
inofega to shift
internet Internet
inu ihe hear
inupu isi resistance
inupu push
inwa oke truck
inwa oke try
inwale assess
inwe belonging to; have
inwe isi ike protest
inweike ability
inwere onwe free
inwere onwe independence
inweta onwe freedom
inweta onwe independent
inwu onwu die
inya ugbo ala drive a car
inye accident
inye aka help *noun*
inye aka na uzo diche input
inye nri feed
inye obara blood transfusion
inyiinya ibu donkey
inyinya horse; stallion
inyinya ibu donkey
inyinya ibu mule
inyonye anya scan
ipaasi pass
ipere shy
ipia ihe corporal punishment
ire tongue; root
ire ure decay
iri ten
iri abuo twenty
iri ano forty
iri asaa seventy
iri ato thirty
irihe eat
iri ihe ubi harvest
iri ihe ubi reaping
iri ise fifty
iri isi sixty

iri iteghete ninety
iri na abo thirteen
iri na abuo twelve
iri na ano fourteen
iri na asaa seventeen
iri na isato eighteen
iri na ise fifteen
iri na isi sixteen
iri na iteghefe nineteen
iri na otu eleven
iri ngari corruption
iro ochi clown; comic
iru inyi dirty
iru mgbede female coming of age
iru oru work
iru uka argue
irugosi identify
isato eight
ise; iso five
iseke analyse
isi blindness; blind; top; head;
    chapter; to boil; six
isi church cathedral
isi ego capital (financial)
isi-isi peak; summit
isi mmiri coast
isi nkpisi ukwu toe
isi nkwocha bald
isi obodo capital city
isi ugbo ala bonnet
isi ulo uko cathedral
isi ututu dawn
isiokwu argument
iso anya polite
iso okwu conflict: to be in
    conflict with
isompi competition
isu nsu stutter
isuko (lata) to contract
isupe to spell
isusu onu kiss
ita kpom kpom drip
ita nchara rust
itabi anya wink
ite pot
ite aka distance
ite egwu to dance
ite mmiri water pot
ite nkwa dance *verb*

ite nri cooking pot
itenye anya n'ihe invest
itenye ego n'ihe investment
iteta wake someone up
itiri dark; darkness
ito rise
ito three
itoozu qualify
itu agwo gwu color
itu egwu danger
itu ujo to be frightened
itucha; itule assess
itunye akwukwo voting
itunyere compare
iwagbo ogu invasion
iwaputa extract
iwe anger
iwe iwe angry
iwepu tinye onye ozo
    displacement
iwu build; rule
iye copy
iyi oath; similar (to)
iza to sweep
izipa no obodo ozo to export
izipu export
iziputa ndi to contrast
izommiri fall *rain*
izu buy
izu afia trade
izu ike imeghari onu break for
    refreshments
izu uka week; **izu uka gara aga**
    last week; **izu uka nabia abia**
    next week; **izu uka nkaa** this
    week
izu uka abuo fortnight

J

jack jack
jarra commission
jaz jazz
ji yam; quiet
jide arrest
jide catch
jide hold
jikodo join
jiografi geography
jioloji geology

o = m**o**re   **u** = s**oo**n   **u** = p**u**t   **ṅ** = si**ng**

jonalu journal
juo ask

K

kaadi card
kaadiboodu cardboard
kaesirihu attitude
kaesiriwere attitude
ka-ma but
kamera camera
kandulu candle
kansa cancer
kanye check
ka omesia! goodbye!
karama bottle; **karama mmanyi** bottle of beer; **karama mmịrị** bottle of water
kariri many
kaseti cassette tape
kemmaiwu prescriptive
kemmeme ceremonial
kempunuudi informal
kentoaja ritual
keabu poetry; poetic
keadiuchemnso illogical
keaja ritual
kedike epic
kedụ? why?; what?; how?; **Kedụ ihe oge nekwu?** What time is it?
kedu! hello!
keeshirihu point of view
keeze dental
kegide fasten
kemgbaụlo cyclic
kemistri chemistry
kemmetuta obi emotional
kemmugo ill-formed
keodimara symbolic
ketaa just now
ketal kettle
keuchenso logical
keụdi formal
keuri sonic
keuwa cosmic
kilogaram kilogram
kilomita kilometer
Kiristia Christian
klaasi class *in school*

kọfị coffee
komedi comedy
komitii committee
kompas compass
kọmputa computer
kọndọm condom
kontirakt contract
kopa copper
kopi copy
kọtọn cotton
kọtọn-wul cotton wool
kowa explain
kpachiri narrow
kpafuo disappear
kpakpandu star
kpo-oku burn
kpọm kwem accurate
kpuchie close
kreolu; krio creole
kua to dial
kuku cook
kuo to plant
kurikụlum curriculum
kushọn cushion
kusia oku burn
kuzie teach
kwọt coat
kwunsara reporter
kwuo tell
kwura address
kwuru ọtọ get up
kwusi! stop!

L

la nu to say goodbye to
labrari library
lakwaha . . . here are . . .
larri level
lekwaya . . . here is . . .
lingwistiiki mpaghara linguistic group
lifti lift *noun*
linin linen
lita liter

M

ma also
Ma Chikwe! God willing!
maasi mathematics

madu abuo double room
madu human
magazin magazine
mail mile
majarin butter
maka because
maka eze dental
maka ihea because of that
mana but
mangoro mango
manu brown
ma otu ma otu each
ma ọwu or
mara mma beauty; beautiful
mark mark *currency*
mashin machine
masiri especially
ma ukwu, ma nta more or less
mba no; **mba** abroad
mbam mba belt
mbara acre; width; wide
mbara ala field
mbara elu igwe atmosphere
mbara main minefield
mbara mmanu oilfield
mbari/oba nkaokpu museum
mbata arrivals; enter
mbem chant; poetry
mbem okwụ ode
mberede surprise
mbgo (egbe) ammunition
mbiba aka signature
mbo comb; nail
mboro mboro balloon
mbu first; firstly
mbube ladder
mbunaobi aim
mbunuuche kpomkwem specific
  objective
mburu metaphor
me do
mebe make
mebie destroy
mech football match
mechi close
megedi continue
meghaa happen
mel mail
metafo metaphor

mezie fix
mfunaala indigenous
mgako add
mgba aka bracelet
mgba bo (abup) fork
mgba nju query
mgbaaghara discord
mgba-aka ring
mgbabido blockade
mgbabido intervention
mgbabo branch
mgbachi closed; lock
mgbachi ụzọ doorlock
mgbada deer
mgbafu exile
mgbagbọ bent
mgbagha debate
mgbaghaputa reason
mgbaghara area
mgbaghasi calamity
mgbaji bead(s); break; cotton
  cloth
mgbali struggle
mgbali obara blood pressure:
mgbamafa divination
mgbanuuche realize
mgbanwe change
mgbasa disperse
mgbaze melt
mgbe abali evening
mgbe emechara afterwards
mgbe period; time
mgbeole? when?
mgberegede natural disaster
mgbesi crumb
mgbhari uka contradiction
mgbirigha bell
mgboko sugar cane
mgbonzụ blackboard
mgboonụ argot
mgbu ache
mghafu escape
mgosi direct
mikroscop microscope
mil mill
miliki milk
mita meter
mkpa significance
mkpaamu jester

ọ = more   u = soon   ụ = put   ṅ = sing

mkpabi aka thumb
mkpachi padlock
mkpalite stimulation
mkparị abuse
mkparita uka dialogue
mkpata; mkpatara cause; reason
mkpatara na mputara cause and effect
mkpatemmụo inspiration
mkpe structure
mkpesa complaint
mkpete azu last
mkpi pair
mkpiriishi short
mkpisiri aka finger
mkpo da ugwu slope
mkpo-aghara ọchịchị coup d'etat
mkpoko pronunciation
mkpolite evocation; introduction
mkpori sarcasm
mkpọrọgwụ root
mkpọtụ loud
mkprishi half
mkpu mask
mkpuru crops
mkpuru abiidii nta small letter
mkpuru aka finger
mkpuru mgbo bullet
mkpuru nta small
mkpuruabidii letter *of alphabet*
mkpuruobi soul
mkpuruokwụ word
mkpuruuda to phone
mkpuchi cover
mma feature
mma good; nice; knife; **odi mma** well
mma ihu abuo dagger
mma ntakiri penknife
mmabiegwụ cadence
mmadụ person
mmadụ bi na obodo population
mmagba chord
mmagba harmony
mmaiwu prescription
mmajijiji vibration
mmalite stimulation
mmammuta competence
mmanu anu honey

mmanu crude (oil)
mmanu ihe eji amunye oku lighter fluid
mmanụ oil
mmanụ ụgbọ fuel
mmanụ ụgbọ ala petroleum
mmanya ngwo palm wine
mmanyeanya skim
mmasi charm
mmatazu familiarity
mmaya na aba nanya alcohol
mmaya oku wine
mmayi oku brandy
mmbido begin
mmechi base
mmechi shut
mmee instrument
mmeemmee red
mmegbu abuse
mmeghari revision
mmehie open
mmeko ọmenaala bicultural
mmekorita relationship
mmemara experience
mmeme celebration
mmenwo revision
mmeochi humor
mmeputa output
mmereme fact
mmeri victory
mmetuta relation
mmetuta obi emotion
mmife transmission
mmịọ learn
mmịrị water; liquid; stream; river; sea; ocean; rain; **mmịrị ọkụ** hot water; **mmịrị oyi** cold water; **Mmịrị na ezo.** It is raining.
mmịrị ara ehi milk
mmịrị igegbe anya contact lens solution
mmịrị ohuhu water current
mmịrị oku tea; **mmịrị oku di ike etinyere mmịrị ara ehi** coffee with milk; **mmịrị oku etighere mmịrị ara ehi** tea with milk; **mmịrị oku etighere oroma nkirisi** tea with lemon
mmịrị onunu drinking water

a = pat   e = pay   i = feet   ị = pet   o = so

mmiri orum fruit juice
mmiri oruru stream
mmiri osisi sap
mmiri uto mineral water
mmu oku candle
mmu oku candlestick
mmume activity
mmumu olu aka education
   (vocational)
mmuo soul
mmuta education
modem modem
moto car; bus
mpaghara accent
mpaghara breadth
mpaghara empire
mpaghara section
mpakoonwe chauvinism
mpalaga branch
mpalisi pillow
mpata ukwu thigh
mpesin impersonal
mpi hoof
mpki aturu Hausa ram
mpunuudi informality
mputa output
mputara effect
mputara sense; meaning
mu I
muo ozi angel
muudu mood
mwere assumption
mwube construction
myiemetu parallel
myinaabuo full
myiri similarity
myiri simile
myiri synonym
myiyi imagery
myoch nri digestive
myocha digestion
myochaputa digest
myomyo lax

N

na and; in; on; at; with
na-akuku edge
na ututu in the morning
nabali taa tonight

naira naira
nama cow; cattle
nani alone
na-oge early
na uju abundance
ncha scissors; soap
ncha oku flash
nche n'ihu focus
nche ngu diaphram
nchebido attack
nchebido intervene
ncheoge interlude
nchetu pause
nche-uno wall gecko
nchicha duster; eraser
nchikota resume; summary
nchocha research *noun*
nchoputa discover
nchu anwu tent
ndabi olu shoulder
ndagwurugwu valley
ndako coincidence
ndakoritamkpi couplet
ndalorita rhyme
ndanda ant
ndanuusoro rhythm
nde million
nde no ne isi authority
ndebaaha register (for a course)
ndenkenke shorthand
ndenkenke writing (shorthand)
ndenyeaha register (for a course)
nderenaaka manuscript
ndi people; community
ndiaa these
Ndi Arab Arabs
ndi agha army; troops; armed
   forcres
ndi agha ugbo elu airforce
ndi agha ugbo navy
ndida ugwu slope
ndidi endurance
ndi di ntakiri minority
Ndi Edo Edo
Ndi Efik Efik
ndieri those
Ndi Fulani Fulani
Ndi Hausa Hausa
Ndi Ibibio Ibibio

o = m**o**re   u = s**oo**n   u = p**u**t   ṅ = si**ng**

ndiichie ancestor(s)
Ndi Idoma Idoma
ndiife folk
Ndi Igara Igara
Ndi Ijaw Ijaw
ndika simile
Ndi Kanuri Kanuri
ndi kariri majority
ndi lamkpa critical
Ndi Mba Mmiri Coastal People (Brass, etc.)
ndi mba obodo ozo international community
ndi mgbasa ozi oma missionary
ndimiiche difference
ndi mmadu people
ndi na elekota onye isi obodo presidential guard
ndi nagakata convoy
ndi ndumodu advisory council
ndi ne eche ahia iwu customs *at airport etc*
ndi nedote udo peace-keeping troops
ndi negwu mmanu oil company
ndi nekwataghi opposition
ndi nkiri audience; spectators
ndi nwe ala government
Ndi Obodo Noko Tora United Nations
ndi obodo townspeople
ndi ochichi/oluobodo government
ndi ogba oso refugee
ndi otu team
ndi soja armed forces
Ndi Tiv Tiv
ndi uweyi oji police
Ndi Yoruba Yoruba
ndo! sorry!
ndogburu ugbo cart
ndokasi; ndokurita conflict
ndola azu retardation
ndomanya exposition
ndonyere ukwu support
ndoro ndoro futbol soccer match
ndoro ndoro matches; politics
ndosi co-operative

ndota ego deposit *financial*
ndu life
ndubata introduction
ndudu syringe
nduku sweet potato
nduli pigeon
ndumodu exhortation
ndumodu advice
ne abali tonight
n'elu on top of
nfecha ihu handkerchief
nga prison
nga ana ako ihe plantation
nga ana aku ogu laboratory
nga ana eri nri restaurant
ngabiga mmiri canal
ngadaba fort
nga gara aga previous
ngaji cutlery; spoon
ngaji eze armed forces
ngaji ntakiri teaspoon
ngaji odudu fork
ngbaji broke
ngbako calculate
ngbo ammunition
ngbo egbe bullet
ngbu be chop up
ngbu pail
ngbubecha fragmentation
ngelenge xylophone
nghaliko conflict
nghogbu cheat; cheating
nghota meaning
ngigo ode
ngili ato intestine
ngo reward
ngosiedemede proof
ngosiputa illustration
ngucha end *verb*
ngucha ohimiri delta
nguchi diaphram
nguniisi recitation
ngunwu ability
ngwa ngwa fast
ngwa nlere (anya) visual-aid
ngwa olu equipment
ngwaamme action
ngwaegwu instrument
ngwaraogwa miscellaneous

ngwe fence; wall
ngwere lizard
ngweri grind
ngwo ngwo ulo furniture
ngwoolu accent
ngwu ala shovel; spade
ngwugwu parcel
nha compound *in village*
nhatanha balance; symmetry
nhatuobi comic relief
nhazi akuko plot; scheme
nhoputa selection
nhoro selection
nhuru sense
ni ihu present; now
n'ihu in front of; opposite
n'ile whole
njakiri railroad
njem journey; trip; travel
njem egwu adventure
njije parody
njikere readiness
njiko eji akuzu akwukwo
    curriculum
njiko nwoke na nwanyi
    contraception
njiko obodo federation
njikwata control
njin engine
nji nji black
njirimara characteristics
njirisi; njiritu criteria
njo ugly
nju negative
nka craft; art; skill
nka ahu that
nkaa this
nkalama glass
nkaru slander
nkata basket
nke ano fourth
nke edotere edote reserves
nke ojoo bad
nke platform
nke gboo primitive
nke segment
nkebi step; section
nkebi ekere cross-section
nkebi nta sub-section

nkegba timetable
nkeji hour; section
nkeole? which?
nkeri ahiriuda divisive
nkete possession
nkewa distribution; divided; part
nkghari contradiction
nkita dog
nkiti ordinary
nkocha describe
nkoke definition
nkoo n la na agboke oku
    fireworks
nkopi copying
nkoririko legend
nkowa broken
nkowa (ihe kpatara) explanation
nkowa njieme key
nkowa okwu interpretation
nkowaasi fallacy
nkowada footnote
nkowaokwu dictionary
nkowaokwu n'asusu abuo
    blingual dictionary
nkowasi definition
nkpata uzo foothpath
nkpatu noise
nkpisi akwukwo pen
nkpisi akwukwo pencil
nkpofuru lung
nkporo cage
nkpruru nkwo palm nut
nkpu chi lid
nkpuru seed
nkpuru anya eyeball
nkpuru osisi fruit
nkpuru ubi cash crop
nku wing
nku wood; firewood
nkufe to cross
nkuku mmiri flood; river bank
nkume brick; block; rock
nkumigwe typewriting
nkuugu chest pulse
nkwa record; dance
nkwadide apology
nkwado support
nkwadota ready
nkwadowe readiness

o = more   u = soon   u = put   ṅ = sing

nkwako egwụ percussion
nkwu association; palm wine
nkwu jbu pineapple
nkwuma euphemism
nkwuniihu antecedent
nkwuru atmosphere; status
nkwuto libel
nkwuwa adverb
nleda anayanwu south
nlekota supervision
nlele examine; investigate
nlele akwụkwọ examination
nleta supervision
nma cutlery
nna father
nnama cattle
nnana and; anecdote
nnanna ancestor(s)
nnanna; nna ochie nna
    grandfather *on father's side*
nnanne; nna ochie nne
    grandfather *on mother's side*
nnara assimilation
nnari hundred
nndu existence
nne mother
nne inyinya mare
nnenna; nne ochie nna
    grandmother *on father's side*
nnenne; nne ochie nne
    grandmother *on mother's side*
nni okponku dried food
nnochiaha pronoun
nnochoteanya succession
nnokọta alliance
nnomi imitation
nnu salt
nnukwu large
nnukwu major
nnukwu ogige territory
nnukwu ọka iwụ judge
nnukwu ụbgọ ala lorry
nnuno occurrence
nnunu bird
nnunu na egbu ebeya bird of
    prey
nnunuuche image
nnurunuuche imagery
nnwale evaluation

nnwale test
nnwebiisinka copyright
nnweta possession
nnwoghari transformation
nnyefe transmission
nnyemaka nurulere audio-visual
    aid
nnyo mirror
nnyocha critique
nnyocha examination
nochi barrier
noklata collective; community
novul nine
npuga obodo countryside
nputara sensory perception
nri food; meal
nri abali dinner
nri abali supper
nri ehihie lunch
nri eji emeghari onu dessert
nri ututu breakfast
nriụle cheat
nro dream
nromegwu musical composition
nruaka sign
nrugosi identification
nrurita uka debate
nruro efu fantasy
nruro fancy
nsaiklopedia encyclopedia
nsere okwụ quotation
nsi egwu music
nsikọ crab
nsinaala mpunaala indigenous
nsinambu original
nsinammuọ intuition
nsiputa source
nsiridi reality
nso near
nsochiuda continuity
nsogbu crisis; problem
nsogbu di! danger!
nsoje sequel; sequence
nsoro pattern; rank
nsoro nsoro series
nsoroedide orthography
nsu egbe cannon
nsuoobi stress; tension
nsupe spelling

a = p**a**t   e = p**ay**   i = f**ee**t   ị = p**e**t   o = s**o**

nsuru finiteness
nsuso sequence
nta light
ntachi close
ntachị stitch
ntakiri little; small
ntakwu soliloquy
nti cheek; ear
ntị nkpu shout
ntiinime input
ntoaja rites
ntokiri dilemma
ntozu qualification
ntropoloji anthropology
ntu oyi fridge
ntuaka sign
ntufeokwụ innuendo
ntugbu ọya antiseptic
ntughari converse; reverse
ntughari translation
ntughe key
ntuhiko conflict
ntule examination
ntuleghari review
ntụmade surprised
ntụsa stretch
ntutu needle
ntuwata anwụ sunrise
nukwu abundance
nuo drink
nuo miliki drink milk
nuria enjoy
nurulere audio-visual
nwa child
nwa agbọọ girl
nwa akwụkwọ school pupil
nwa akwụkwọ student
nwa aturu lamb
nwa-bebi baby
nwa inyinya pony
nwa nna *male* cousin
nwa nne *female* cousin
nwa ntakiri baby
nwa nwanyi eze princess
nwa nwoke boy
nwa nwoke eze prince
nwa ọbala kitten
nwaamadi gentleman
nwanna nwoke brother; father's son

nwanne nwoke brother; mother's
   son
nwanne nwanyi sister
nwanyi woman; marriage
nwanyi hapuru diya divorced
   female
nwanyi luru di married *female*
nwanyi na alubegi di single
   female
nwanyọ silence; slow
nwata child
nwatakiri young
nwata nwoke boy
nwe ihu ọma! good luck!
nwekota ndi obodo ọzọ
   diplomatic ties
nwere ike imu mwa fertile
nwereike to be able
nwoke man
nwoke hapuru nwunye ya
   divorced *male*
nwoke luru nwanyi married *male*
nwoke na alubegi nwanyi single
   male
nwunye wife
nwuru anwu dead
nyahụ gara aga yesterday
nyaka child
nye give
nye aka help
nyem bring; give
nyi charcoal
nyiri aru heavy
nyọ strainer
nyọ akụkụ sieve
nyocha itụle examine; investigate
nzere degree; qualification
nzimozi; nzikorita ozi
   communication
nziputa demonstration
nziuzo clue
nzizo hide
nzoku audience *meeting*
nzọpụta defense
nzụ chalk; full
nzuko meeting; conference;
   convention
nzuko ndi neligede ndi ozi trade
   union

nzuko ndi ode akwụkwọ cabinet
nzuko ochichi parliament
nzupuuka aside

O/Ọ

oba barn; building
oba akwụkwọ library
ọbagwụ duck
obara blood
obara mgbali ala low blood pressure
obara mgbali elu high blood pressure
obara-obara red
ọbere osisi ụgbọ mmịrị canoe
obere ọtụ ileta ihe committee
obere ugwu plateau
obi heart; chest
obi eze kingdom; palace
obi mgbafu heart attack
obi oha communal sentiment
obi ụgbọ ala engine
obi uto happy
obodo city; country ; state; nation
obodo bekee abroad
obodo jikọlụ ọnụ federal state
Obodo Ndi Nnokotara Otu United Nations
obodo noro onweya independent state
obodo ọyịbo abroad
obom arena *theatre*
obu lezi course: of course!
ocha clean; neat; white
ocha nanya hepatitis
oche seat; chair; stool; furniture
oche ide ihe desk
oche nwere aka armchair
oche ozo chair
ochichi ofere democracy
ochie old; ancient; traditional; century
ochucho desire
odachi tragedy
ode akwụkwọ author; writer
ode akwụkwọ na edozi obodo administrator
ọde ole? how many?
odee writer

odenke shorthand writer
odezi editor
odibendi custom
odida failure
odida ala landslide
odida anyanwu west
odida mmịrị waterfall
odida ugwu foothills; valley
odide writing
odidi nature; shape; form
odigi onu cheap
odimara symbol
odi mma good
odinaala tradition; **odinaala dike** heroic tradition; **odinaala ndife** folk traditions
odi n'ihụ future
odi njoo bad
odinkwenye credibility
odi nma tasty
odi nnu nnu salty
odinoogbara verse
odi ntakiri too little
odi ọkụ hot *not cold*
odi onu expensive
ododo yellow
odo okoro antagonist
odogwu hero
odogwu nwaanyi heroine
ọdụ tail
ofe soup; sauce
ofụma plenty
ogan organ
ogbaka mmịrị lake
ogbako audience; meeting; conference
ogba kpim wasp
ogba nkwa dancer
ogbara uka sour
ogbo stage *of theatre*
ogborogbodo society; association
ọgbụ anu butcher
ọgbụ azu fisherman
ọgbụ na igwe bomb
ọgbụ na igwe rocket
oge clock; season; period; time
ọgede banana
ọgede ojoko plantain
oge eji aga timetable

ogege hedge
oge gboo primitive
oghanadum revolution
oghaniizi revolution
ogharaokwu irony
oghom accident
ogiga adventure
ogini? what?
ogodo underwear
ogologo anyanhu long sight
ogologo length; long; straight (on); tall
ogu gu isi clever
ogu thorn; war
oguako minstrel
ogu akwukwo read; reader
ogu egwu singer
ogugu reading
ogu oha na ibe civil war
ogu uri soloist
ogwe osisi tree trunk
ogwu drug
ogwu ahu mgbu painkillers
ogwuatikpa charm
ogwu isi aspirin
ogwu itu ura tranquilizer
ogwu mgbu painkiller
ogwu pinisilin antibiotic
ogwu ura sleeping pills
ogwugwu end
oha society
ohazi odekwa editor
ohere gap
ohi robbery; theft
ohia bush; forest
ohia ntakri copse
ohu abo forty
ohu afo ise century
ohuano eighty
ohuho mmadu election
ohuru modern
ohuru new
oja flute
oji dark; black
oji ego acho ego capitalist
ojo badly; sick
ojuju afo satisfaction
oka corn; maize
oka okwu spokesman

oka akawukwo academic
okaegosi sorcery
okammuta professor
okammuta scholar
okara half
okariri akari too much
oke acute; boundary; mouse; rat
oke chia forest
oke okuko rooster
oke oso speed
oke ulo rabbit
oke na olu social role
okenye elder; old person
okike creation
okiriki circle
okirikiri round
okistra orchestra
oko akuko narrator
okochi dry season; drought; sunny season
okorobia gentleman
okotookwu verbosity
okpali stimulus
okpara first-born son
okpe ikpe satirist
okpete sugar cane
okpo worm
okpo fufu heat
okpo nkuacute acute
okpoko pipe
okpom oku heatwave
okporo igbe cardboard
okporo ugbo igwe railway
okporo ordinary
okpu cap; hat
okpu eze crown
okpukpu bone
okpukpu mmadu skeleton
okpuru bottom
oku electricity; fire; heat; warm
oku elektrik light bulb
oku mkpote wake-up call
oku nezi uzo flashlight
oku ngosi indicator light
oku okpo boxer
okuihu speech; conversation
okuko chicken
okusri oku burnt
okwa goose

okwa nka creative art
okwa rank; status
okwado patron
okwanka carpenter
okwee egwu chorus
okweụri chorus
okwo ọkụ electric
okwu speech
okwu ekwumaha ntinyenanka euphemism
okwu mmalite; okwu nkwado forward
okwu ububo njakiri colloquialism
okwuako joke
okwuchukwu sermon
okwuejiama slogan
okwukwe hope
okwukwe belief
okwukwo abortion
okwukwu speaking
okwuta; okwute stone; rock; gravel
okwute ntakịrị pebble
okwute tụrụ nka marble
ola aku bracelet
ola chain; jewelry
ola edo gold
ola nti earring(s)
ola obi brooch
ola ocha metal; copper; silver
ola ogbugbu anya crystal
ole amount
olile anyanwu north
ọlụ labor
ọlụ abo na iri fight
ọlụ dara ada ruins
ọlụ di adi duties
ọlụ e nyere assignment
ọlụ nnaa solo-singer
ọlụ ọgụ fighter
olu okwu accent (style of speech)
ọlụ uweyi collar
olu voice
olundi dialect
oluabuọ duet
oluegwụ melody
oluku fool
olulu marriage
olulu mmịrị dam

oma beautiful
ọmajiji shake
omenka artist
omeka actor
omela ochie stale
omenaala culture
omenaala custom
omenka carpenter
omi well; swamp
omimi deep
omume habit; behavior; manners; etiquette
omume ọjọọ incident
omume oputa obie dictatorship
omumu ihe scientist
omumu nwa birth
omumu ofufe religious studies
ọna edụ diamond
ona ocha mgbuke enamel
onochiobi mood
onodu context
ononaaku bourgeois
onoroonwe freelance
onu mouth; neck
onukwu fool
onu mmịrị beach
ọnunu ravine
onu ogbom apron
onuogu number; numeral
onu ogugu imụlọ room number
ọnu okwu alphabet
onu ụzọ gate
onwa moon; **ọnwa ọhụrụ** new moon; **onwa ukwu** full moon
onwe ego
onweghi nothing; less; minus
onweghi uto tasteless
onwu death
onwu ọkụ lamp
ọnye someone; person; doer/maker of; who; the one who
ọnye nka artist
ọnye nsu stutterer
ọnye agbata obi acquaintance
ọnye ala citizen
ọnye anuruma alcoholic *person*
ọnye church Christian
ọnye dim-kpa fame

ọnye egwu odinaala traditional
   musician
ọnye egwu poopu pop musician
ọnye ejidere ejide hostage
ọnye ewepuru ewupu displaced
   person
ọnye ije traveler
ọnye ikpe lawyer
ọnye ikpe negotiator
ọnye iro enemy
ọnye ishi officer
ọnye isi ala obodo president
ọnye isi leader; manager; minister;
   premier; prime minister
ọnye isi ike left-wing
ọnye isi urị lead singer
ọnye mba/obia foreigner
ọnye mgbe orụ job seeker
ọnye n'achị anụ shepherd
ọnye n'adu uweyi dressmaker
**ọnye n'afu maka ihe gbasara
   obodo ọzọ** foreign minister
ọnye n'agu ego cashier
ọnye n'agwo oria doctor
ọnye n'aku egwu disk-jockey
ọnye n'aku ubi farmer;
   agronomist
ọnye n'akwo ụgbọ elu pilot
ọnye nanya ụgbọ driver
ọnye n'aru akpụkwụ cobbler
ọnye n'asọ ụgbọ mmiri sailor
ọnye n'atugbu ahụ anesthetist
ọnye ndoro ndoro politician
ọnye n'edote ego accountant
ọnye n'edozi isi hairdresser
ọnye n'edozi ego economist
ọnye n'edozi oche eze
   administrator
ọnye n'edozi ụgbọ ala mechanic
ọnye n'egbu anu butcher's
ọnye n'ekwuziri obodo ọzọ
   diplomat
ọnye n'elekota eze dentist
ọnye n'eme bred baker
ọnye n'emegide mmadụ m'ọbụ
   oppressor
ọnye n'emezi ihe eji ama oge
   watchmaker's
ọnye n'enye aka aid worker

ọnye n'enye ọbala donor: blood
   donor
ọnye n'enye ogụ igbo herbalist
ọnye n'ere nkpuru osisi
   greengrocer
ọnye n'eti uwe tailor
ọnye n'ewu ụlọ builder
ọnye n'ezi uzọ consultant
ọnye nga prisoner
ọnye ngosi performer
ọnye nkuzị academic
ọnye nlekota supervisor
ọnye nochi ambassador
ọnye nochi obodo ọzọ
   ambassador
ọnye nochịrị anya representative
ọnye nta akuko journalist
ọnye ntighi aka aid worker
ọnye nwe ihe owner
ọnye nyocha spy
ọnye nzuzu:ọnye ewu fool
ọnye ọbịa stranger
ọnye ọbịa nwe ikwu okwu guest
   speaker
ọnye ochichi aka ike dictator
ọnye ọchichi ruler; leader
ọnye ode akwụkwọ secretary
ọnye ogba oso refugee
ọnye ogbugbu killer
ọnye ogbugbu murderer
ọnye ohi bandit
ọnye oji ndu acho ego mercenary
ọnye ojoo criminal
ọnye okike creator
ọnye okwu speaker
ọnye ọlụ ugbo laborer
ọnye ori thief; burglar
ọnye oru mmanu oil worker
ọnye oru worker
ọnye oshi burglar
ọnye otu member
ọnye ọzụ ahia merchant
ọnye ubi farmer
ọnye uka Christian
ọnye uka Christian
ọnye uweyi oji policeman
ọnyeegwu musician
ọnyeije tourist
ọnyena akuo osisi carpenter

ọ = m**o**re   u = s**oo**n   ụ = p**u**t   ṅ = si**ng**

ọnyena akuzi ụgbọ ala mechanic

ọnyena alụ ogu soldier

ọnyena aru ọru bekee officer worker

ọnyena aru oru waya telecommunications

ọnyena awa ahu surgeon

ọnyena eji ego achọ ego business person

ọnyena ele eze dentist

ọnyena ele anya observer

ọnyena eme cinema film-maker

ọnyena ese ihe artist

ọnyena ese ulọ architect

ọnyenazu ndi mmadu training consultant

ọnyendoro ndọrọ political scientist

ọnyeoputa obie specialist

ọnyeuweyi ọcha nurse

opareto operator

opareto nke ukwu international operator

opi horn

opio dagger

opupu exit; departures; germination; out

oputa obie veto

oria infection

oria mgberegede epidemic

oria onu uto ona ariagi diabetic

oriụle cheating

oroegwu composer

oroma ngbakasi onu lemon

oroma orange

ọrụ job; work

orurugbana crisis

osa bat

ose hot; spicy; pepper

osi-nri cook

osikapa rice

osisa answer

osisi nkwo palm tree

osisi plant; tree; wood

ọsịsọ hurry; express; quick; **Ọ di m ọsịsọ!** I'm in a hurry!

oso nkirinki chili pepper

osu asusu abụọ bilingual

ọte aka away

oti okpa boxer

oti igba drummer

otito eulogy; praise

otu one; single; group

otu afọ age group

otu akara nkeji second *of time*

otu awa hour

otu nkeji minute *of time*

otu nnokọta allies

otu unison; once

otu onwa month

otu ọnye someone

otu ụgbọro once

otu ọgbo; otu ebiri social class

otuchi uwie button

otugwa key; padlock

otuole? how?

owo gini? what's that?

owu cotton; thread

owu owu building; *construction*

ọwumaka gini? why?

owuwa anyanwu east

ọya ọgbụ n'ike AIDS

ọya side

ọyere hole

oyi cold; cool; ice; breeze; **Oyi n'atụ m.** cold: I have a cold.

oyi ututu frost

Oyibo English

oyiri metaphor

oyiyi image

oyo cotton

oze bronze

ozi message

ozi ụzọ compass

ozi waya cable

ọzọ extra; next; other; spare

ozu miri coast line

ozuruoha popular

P

papa father

pasịnja passenger

pasta spaghetti

payint pint

pensil pencil

pesin person

petrol gas

piajie fold

piichi larii level pitch
pijin pidgin
piyano piano
plastik plastic
plug plug
podium podium
pọmpọ pump
pọpọ pawpaw
potato potato
printa printer
profeso professor
projector projector
projekti project
projekto projector
puku thousand

R

radiyeta radiator
redio radio
redio steshan radio station
rejista register
rekoodu awantiro record player
rekoodu record
repootu agamniihu progress report
repootu report
reza razor
reza-bled razorblade
ridim rhythm
rie eat
rizootu result
roba eraser
rula ruler *of measurement*
ruru inyi untidy

S

sanpepa sandpaper
safrikeeti certificate
sapo sponge
satelait satellite
sayensi ahuike science (health)
sayensi science
scissors scissors
se draw
semina seminar
shuga sugar
sidi cd
sie ihe to cook
sikru screw
sikrudreva screwdriver

siment brick
sinekamera cine-camera
sinema cinema
sipu send
siri ike difficult; difficulty
sistem system
skiing skiing
snow snow
som arithmetic; mathematics
sofia survey
soja army; soldier
sọnskrin sunscreen
soro follow
soshiolọji sociology
spana spanner
stadium stadium
sterling sterling
suga ken sugar cane

T

taa bite; today
taipwrita typewriter
takzi taxi
tank tank (military)
tanka tanker
tata baby
taya tire
te egwu dance
tensi tense
tee ume wear
teleks telex
televishon television
televishon steshan TV station
temọmịta thermometer
tep (kaset) tape (cassette)
tep-rakọda tape recorder
tikiti ticket
tịlịskọp telescope
tinye add
tinyere ya add to
tomato tomato
toolu nine
torotoro turkey
trajidi tragedy
trakta tractor
transforma transformer
tub and taya inner-tube
tulerita ma hocharita compare
   and contrast

ọ = m*o*re   u = s*oo*n   ụ = p*u*t   ṅ = si*ng*

tụọ throw
tupu drop
tụsaa analyse

u/ụ

ubi farm; garden; stable
ubi ojo unhappy
ubochi day
ubochi gbara ijiriji taa cloudy
ubochi nhapu date of departure
ubochi obibia date of arrival
ubochi ole date
ubochi taa na okpom oku very hot
ụbọsi amuru mmadụ birthday
ububo conversation
ucha clean
uche mind; idea; sense; wise
uchenso logic
ucheobi reason
ucheobi viewpoint
ụchicha cockroach
uda sound; phone; sophistication
udamkpafa epic drama
udandakpu implosive
udanseda falling tone
udaolụ tone
udaume vowel
udele vulture
udi image; form; class; type; shape; genre
udinha equivalent *noun*
udide spider
udidi texture
udo peace
udu container
udu mmịrị rain; rainy season
ufe dye
ufere romance
ụgbọ vehicle; vessel; craft
ụgbọ aghia igwe armored car
ụgbọ ala car; bus; truck
ụgbọ ala na egbo ọkụ fire-engine
ụgbọ ala ụlọ ogwu ambulance
ụgbọ elu aeroplane
ụgbọ elu eji alu agha bomber
ụgbọ elu naga na obodo nke ya internal flight
ụgbọ elu naga obodo ozo international flight

ụgbọ elu ntakiri helicopter
ụgbọ igwe train
ụgbọ mmịrị boat; ship; canoe; ferry; tanker
ụgbọ na enye ọkụ generator
ụgbọọjii blackboard
ụgbọro hammer
ụgbọro abua twice
ụgbọro ato three times
ụgbọ ukwu abua motorbike
ugbua now; present; modern; yet
ugbune feather
ugegbe mirror
ugo eagle; spade
ugoli ode
ụgụ pumpkin
uguru winter
ugwo debt; reward
ugwu hill; range
ugwu isi owuwa aspirin
ugwu ukwu mountain
uhe paint
uhie red
uhie across
ujo frighten; fear
uju abundance; detail
ukabuilu anecdote; parable
ukpor retardation
ụkwa breadfruit
ukwu big; foot/feet; leg; limb; waist; anthology
ukwu nkita paw
ukwuahiriato triplet
ule examination; test
ule mbata entrance examination
ule ngwucha final examination
ụlọ building; home; house; village
ụlọ ahu bathroom
ụlọ aja hut
ụlọ akwụkwọ college; school; classroom
ụlọ akwụkwọ ọtaakara nursery school
ụlọ akwụkwọ ukwu academy; university
ụlọ ana aru aru housing project
ụlọ ana enweta akwụkwọ library
ụlọ ana ere ihe ntakiri kiosk

ụlọ ana esi nni kitchen
ụlọ analekota okwu ikuku telephone center
ụlọ anumanu zoo
ụlọ arumaru workshop
ụlọ ebe ana eme ihe ochi concert hall
ụlọ ego bank
Ụlọ Ego Uwa World Bank
ụlọ egwu egwu theatre
ụlọ egwuru egwu casino
ụlọ erimeri dining room
ụlọ ndi isi ministry
ụlọ ndi ochichi parliament building
ụlọ nnukwu akwukuo academy
ụlọ ihe ochie museum
ụlọ ihu mmịrị bathroom
ụlọ ikpe law court
ụlọ ilụ ihe industry
ụlọ nche castle
ụlọ ndi iwu parliament
ụlọ ndi n'efe Muhamed mosque
ụlọ ndi obia consulate
ụlọ ndi obia embassy
ụlọ ndi ogbo oso refugee camp
ụlọ ndi uweyi oji police station
ụlọ ndu mba ozo embassy
ụlọ nkowa information office
ụlọ nzukọ assembly
ụlọ obibi accommodation
ụlọ obibi flat *apartment*
ụlọ ogologo tower
ụlọ ogwu hospital
ụlọ oka iwu law court
ụlọ oria clinic
ụlọ oru factory; workshop
ụlọ ụgbọ ala garage; station
ụlọ ụgbọ elu airport
ụlọ uka church; temple
ụlọ uka ndi Jew synagogue
ụlọakwụkwọ praimari primary school
ụlọakwụkwọ sekọndịrị secondary school
ulookpụ archives
uma behavior
ume energy
umengwu weak

umi substance
umo oria germs
umu ahuhu ant
umu ewu goats
umu mkpuru osisi fruits
umu nwanee clan
umu nwanyi women
umu nwoke men
ụmụ-aka children
umu-anụnụ bird
ụmụntakiri children
unere banana
unu-dum you *plural*
ura to be asleep
uri sing; song; tune
uri mmemme festival song; **uri abamaba** initiation song; **uri alumdi** marriage song; **uri ike/otito** praise song; **uri ikpe** satirical song; **uri ngugu nwa** lullaby; **uri nwa** maternity song; **uri nwa** nursery song; **uri ọchịchị obodo** political song; **uri ofufe** praise song; **uri ọgbugba** dance song; **uri okpọ** love song; **uri umuaka** children's play songs; **uriakwamozu/okwukwa** funeral song
urinwa nursery rhyme
uriotuto anthem
uro clay
urookwụ pun
urosi rice
uru profit; significance
uru baba butterfly
usoro order; rule
usoro mmịrị river course
usoro obara blood group
usu bat *animal*; pulse
ute carpet
ute ikpe ekpere prayer
utoasusu grammar
ututu morning; **ututu a** this morning
uwa earth; world
uwe gown (woman's); robe
uwe nwanyi clothing (women's)
uweyi dress; clothes
uweyi ahu shirt

ọ = m**o**re   **u** = s**oo**n   **ụ** = p**u**t   **ṅ** = si**ng**

uweyi aka gloves
uweyi akwụkwọ envelope
uweyi eji achu oyi suit
uweyi ichu oyi sweater
uweyi mkpuchi overcoat
uweyi ndikota uniform
uweyi oyi jacket
uweyi ukwu trousers; jeans; socks
ụzọ road; street; path; way; route; lane; door
ụzọ adighi no entry
ụzọ ano quarter *of four*
ụzọ mpụga entrance
ụzọ nkpochi roadblock
ụzọ oyi window
ụzụ noisy
uzu loudness
uzuzu training

V

varangidi blanket
vichapu wipe
video video
video video (player)
videotape videotape
virus virus

vitamin vitamin(s)

W

wagbo ọgụ invade
waya telegram
waya wire
waya-ogu barbed wire
wel well (of water)
wepu reduce
were ụgbọ ala ga go by car
weta bring; get
wiski whisky
wul wool

Y

ya he; she; it
yabasị onion
yaka therefore
yard yard

Z

zam dash
ziputa check
zọta m! help!
zuru ezu enough
zuta buy

ENGLISH-IGBO
BEKEE-IGBO

A

abdomen afọ
ability ngunwu
ability inweike
able: to be able nwereike
abortion ekwomekwo
abroad obodo ọyibo
absent adịghị
abundance nukwu
abuse mkparị
academic ọnye nkụzị
academy ụlọ akwụkwọ ukwu
accent *regional* mpaghara; *way of speaking* ngwoolụ
accept inabata
accident ihe mgberegde; akisident
accommodation ụlọ obibi
accompany i soro
accountant ọnye n'edote ego
accurate kpọm kwem
accusation ebubo
accuse *verb* ibọ ebubo
ache mgbu
acid ihe okpom ọku
acquaintance ọnye agbata obi
acre mbara
across uhie
act emume; agba
action ngwaamme
activity mmume; ihe ọmume
actor omee; omeka
acute oke; okpo nkuacute
add tinye; mgako
address aha ebe ibi
administrator ode akwụkwọ na edozị obodo; ọnye na edozi oche eze
adventure ọgiga; njem egwu
adverb nkwuwa
advice ndụmọdụ
advisory council ndi ndụmọdụ
aeroplane ụgbọ elụ

Africa Afịrịka; Ala Nde Ojii
after emechaa
afternoon ehihe; ehihie
afterwards mgbe emechara
age afọ
age group otu afọ
agreement ịkwekọrita
agriculture ihe gbasara iku ubi
agronomist ọnye na aku ubi
ah! chei!
aid worker ọnye n'enye aka; ọnye ntighi aka
AIDS AIDS; ọya ọgbụ n'ike
aim mbunaobi
aim at ide
air ifufe; ikuku
air mail akwụkwọ anaeziga na ụgbọ elu
airforce ndi agha ụgbọ elu
airplane ụgbọ elu
airport ụlọ ụgbọ elu
airport tax ego anakwu na ebe ugwo elu nada
alcohol mmaya na aba nanya
alcoholic *person* ọnye anuruma
alive idi ndu; dindu
allergy ihe mgbakacha ahụ
alliance nnokọta
allies otu nnokọta
allow ikwere
alone nani
alphabet abiidii
also ma
ambassador ọnye nochi obodo ọzọ
ambulance ụgbọ ala ụlọ ogwu; ambulans
ammunition ngbọ
amount ole
amputation akwobiri
analyse iseke; tụsaa
ancestor(s) nnanna; ndiichie
ancient ochie
and na

ọ = more   u = soon   ụ = put   ṅ = sing

anecdote nnana; ukabuilu
anesthetic ihe eji atugbu ahụ
anesthetist ọnye na atugbu ahụ
angel muọ ozi
anger iwe
angry iwe iwe
animal anumamu
animal feed ihe eji azu anumanu
ankle afọ ukwu
announce ikwuputa
answer aziza; osisa
ant ndanda; ahuhu
antagonism adomokoro
antagonist odo okoro
antecendent nkwuniihu
anthem uriotuto
anthology ukwu
anthropology ntropoloji
anti- achọghi
antibiotic 'antibiotic'
antibiotic ogwu pịnịsilin
antidote ajuire
antiseptic antiseptic
antiseptic ntugbu ọya
apartment ụlọ
apartment block ụlọ obibi
apology nkwadide;
    ariommgbaghara
apple achicha
approve ekwe
apron onu ogbom
Arab Ndi Arab
architect ọnyena ese ụlọ
archives ulookpụ
are there? ha di?
area mgbaghara
arena *theatre* obom
argot mgboonụ
argue iru uka
argument isiokwu; arumaru
arithmetic som
arm aka
armchair oche nwere aka
armored car ụgbọ aghia igwe
army soja; olu ogu
arrest jide
arrivals mbata
arrive igadu
art nka
article ederede; edide
artillery egbe tuum

artist omenka; dinka; ọnye nka
ashtray ihe eji anwunye anwuru
    oku
aside nzupuúka
ask juo
asleep: to be asleep ura; ihe ura
aspirin ogwu isi
aspirin ugwu isi owuwa
assassination igbagbu
assembly ụlọ nzukọ
assess inwale; itule; itucha
assignment olu e nyere
assimilation nnara
association nkwu
assumption mwere
asterisk akara mmuke
astrology astrọlọji
astronomy astronọmi
athletics igba oso
atmosphere nkwuru; mbara elu
    igwe
attack *noun* nchebido
attack *verb* ichebịọ
attitude kaesirihu; kaesiriwere;
    agwa
attraction ihu na anya
audience *people* ndi nkiri;
    meeting ogbako; nzoku
audio-visual nurulere
audio-visual aid nnyemaka
    nurulere
August onwa asato nafo
aunt da
aura anwara
author ode akwụkwọ
authority nde no ne isi; ichiachi
auto spares store Ebe ana eri ihe
    ụgbọ ala
autobiography akukondụụnwe
autonomy dinotu
average agbaetiti; etiti
awake imu anya
away ọte aka
ax egbu egbu; anya ike

B

baby tata; nwa-bebi; nwa ntakiri
back azu
backpack akpa onyinya
backwards ihuhu
bacteria ahuhu n'ebụ ọya

a = p**a**t   e = p**ay**   i = f**ee**t   ị = p**e**t   o = s**o**

bad nke ojoo; odi njoo
badly ojo
bag akpa
baggage counter ebe ana etinye ibu
bake ime
baker ọnye n'eme bred
baker's, bakery ebe ana eme achicha
balance nhatanha
bald isi nkwocha
ball bọl
ballad akuko n'abụ
balloon mboro mboro
ballpoint ihe eji ede akwu kwo
banana unere; ọgede; ọgede
bandaid ihe eji emechi onya
bandit ọnye ohi; 'armed robber'
bank banki; ụlọ ego
bank notes akwụkwọ ego
bar ebe ana anu mmayi
barbed wire barbed waya; waya-ogu
barber's ebe ana akpa isi
barn oba
barrel barel
barren enwegi nwa
barrier nochi
base mmechi
basket nkata; eketa
basketball basketball
bat *animal* usu; osa
bath ihu ahu
bathroom ụlọ ahu; ụlọ ihu mmiri
battery battery
battle ilu ogu
beach onu mmiri
bead(s) mgbaji
bean(s) agwa; akisi; akidi
beard afọ-onu
beautiful oma; mara mma
beauty mara mma
because maka
because of that maka ihea
bed agada; akwa
bedcover blanketi
bedroom imeolu
bee ebu; aṅu
beef anu nama
beetle ebe
begin mmbido

behavior omume; uma
behind azu
belief okwukwe; ekwemekwe
believe ikweta
bell mgbirigha
belonging to inwe
belt mbam mba
bent mgbagbọ
better dịtụ mma
between etiti
bias ika nulnya
Bible Akwukwo Nsọ; Baibulu
bicultural mmeko ọmenaala
bicycle igwe
big ukwu
bilingual newspaper nuuzupepa n'asusu abụọ; akwụkwọ akuko n'asusu abuọ
bilingual osu asusu abụọ
bilingual dictionary nkowaọkwu n'asusu abuọ
bilingualism asumasusu abuọ
bill akwụkwọ ugwo
binoculars bịnọkulaz
biography akukonndu (ọnye); edendụọnye
bird nnunu; umu-anụnụ
bird of prey nnunu na egbu ebeya
birth omumu nwa
birthday ụbọsi amuru mmadụ
biscuit achicha
bite taa
bitter ilu
black market ahia iwu; ahia ajia
black ojii; nji nji
blackboard blakbọd
blackboard ụgbọojii; mgbonzụ
bladder akpa afookwu; afo okwu
blanket varangidi; blanketi
blind (ọnye) isi
blindness isi
block igbache ụzọ
blockade mgbabido; gbache
blood group usoro obara
blood obara
blood transfusion inye obara
blow *verb* ifu
blue blu
blues akwauwa; bluz
boarding pass akwụkwọ eji aba ụgbọ elu

ọ = m**o**re   u = s**oo**n   ụ = p**u**t   ṅ = si**ng**

boat

boat ụgbọ mmịrị
body ahu
boil *noun* etoto
boil *verb* isi
boiling egbo egbo
bomb bọmbọ; ogbu na igwe
bomber ugbe elu eji alu agha
bone ọkpụkpụ
bonnet *of car* isi ụgbọ ala
book akwụkwọ
bookshop ebe ana ere akwụkwọ
boot agbayi; but
borrow gbaziri; enara
bottle aba; karama; **bottle of beer** karama mmayi; **bottle of water** karama mmịrị
bottle-opener ihe eji emehie karama
bottom ike; okpuru
boundary oke
bourgeois ononaaku
bowl efere
box *case* igbe; *fight* iku okpo
boxer oti okpa; oku okpo
boy nwa nwoke; nwata nwoke
bracelet mgba aka; ola aku
brake brake
branch mgbabo; mpalaga
brandy mmayi oku
brave ebube
bread achicha
breadfruit ụkwa
breadth ume; mbara
break mgbaji
break for refreshments izu ike imeghari onu
breakfast nri ututu
breast ara
breath ume
breathy voice ekonuume; mkponuuzu
breeze oyi; ikuku
brick siment; briki; nkume
bridge akwukwa mmịrị; gadaga
bright igba ihe
bring weta; nyem
broad mbara
broadness mpaghara
brochure akwụkwọngosi
broke ngbaji; nkowa
bronze oze

brooch ola obi
broom aziza
brother *on mother's side* nwanne nwoke; *on father's side* nwanna nwoke
brown manu
brush aziza
bucket baket
bud akpu osisi
bug *see* **insect**
build iwu
builder ọnye na ewu ụlọ
building ụlọ; *activity* owu owu
bulb *electric* oku elektrik
bullet mkpuru mgbo; ngbo egbe
bumper bampa
burglar ọnye oshi; ọnye ori
burn kpo-oku; kusia oku
burnt okusri oku
bus stop ebe okwusi ụgbọ ala
bus ụgbọ ala; bosu; moto
bush ohia
business iji ego acho ego
business person ọnyena eji ego achọ ego
busy ekpa ihe na aka
but ka-ma; mana
butane canister butane canister
butcher ogbu anu
butcher's ọnye na egbu anu
butter buta; majarin
butterfly ihe na-efe-efe; uru baba
button otuchi uwie
buy zuta; izu

C

cabinet nzuko ndi ode akwụkwọ
cable ozi waya
cadence mmabiegwụ
cage nkpọrọ
cake achicha
calamity mgbaghasi
calculate ngbako
calculator ihe eji agbako ihe
call: I am called . . . Anakpo m . . .
camera kamera
campsite ebe
can *verb* enwere ike
can opener ihe eji akpoghe ihe
canal ngabiga mmịrị
cancellation ikwusi

a = p**a**t   **e** = p**ay**   **i** = f**ee**t   **ị** = p**e**t   **o** = s**o**

64 · *Pocket Igbo Dictionary*

cancelled: The plane is cancelled. ịgaghị adị ọzọ.

cancer kansa

candle kandulu; mmụ ọkụ

candlestick mmụ ọkụ

candy ihe ọtụ-ụtọ; ihe biri-biri

cannon nsụ egbe

canoe ụgbọ mmịrị

cap okpu

capital *financial* isi ego

capital city isi obodo

capitalist oji ego acho ego

car ụgbọ ala; moto

car papers akwụkwọ ụgbọ ala

car park ebe ana edote ụgbọ ala

car registration ihe eji mara ụgbọ

card kaadi

cardboard kaadiboodu; okporo igbe

carpenter okwanka; emenka; omenka

carpet ute

cart ndọgburu ụgbọ

carton igbe

cash crop nkpuru ubi

cash ego

cashier ọnye na agụ ego

casino ụlọ egwuru egwu

cassava akpu; ịjboru

cassette tape kaseti

castle ụlọ nche

cat bosi; busu

catch jide

caterpillar eruru; ikpurukpu

cathedral isi church; isi ụlọ uko

cattle ehi; nnama

cause mkpatara; mkpata; emi

cause-and-effect mkpatara na mputara

cd sidi

ceasefire ikwusi ogu

celebration mmeme

cemetery ebe ana eli mmadu

center etite

center of town etite obodo

century ochie; ohu afo ise

ceremonial kemmeme; ihe mme me

certificate safrikeeti; asambo

chain ola

chair oche; oche ozo

chalk chooku; nzụ

change *noun* mgbanwe; **I want to change some dollars.** Achọrọ m igbanwe ego dollar.

chant mbem

chapter isi

character agwa

characteristics njirimara; ejirimara

charcoal nyi

charge *electricity* pawa

charm ogwụatikpa; mmasi

chart chaati

chase ichu osu

chauvinism mpakoọnwe

cheap adafu uno

cheap odigi onu

cheaper di onu ala

cheat; cheating nghogbu

check *money* chek; akwụkwọ ilogha ego

check *verb* kanye; ziputa; gosi

check-in counter ebe ana abanye

check-in ebe obu ba

checkpoint ebe ana eche nche

cheek *noun* nti

cheek *verb* ewa anyo

cheese ihe si na mmịrị ara ehi

chemistry kemistri

chest obi

chest pulse nkuúgu

chewing gum gọm; ihe utita

chicken ọkụ̀kọ̀

chieftaincy ichi ozo

child nyaka; nwata

children ụmụ-aka; ụmụntakiri

chili pepper oso nkirinki

chin agba

china efere

chocolate chocolat

cholera afo owuwu

chop up ngbu be

chord mmagba

chorus okweụri; okwee egwu

Christian Kiristia; ọnye uka; ọnye church

Christmas Ekesmesi

chronicle akukonsinooge

church ụlọ uka

cigar anwuru oku

cigarette(s) anwuru oku; **cigarette papers** akwụkwọ anwuru oku

cine-camera sinekamera

cinema sinema
circle okiriki; gburu gburu
circumcision ibi ugwu
citizen ọnye ala
city obodo
city center etiti obodo; ime obodo
city-map ihe nezi obodo
civil rights ike ndi mmadu
civil war ogu oha na ibe
clan umu nwanee
class *school* klaasi; *social* otu; udi
classroom ụlọ akwukwo
clay uro
clean ocha; ucha
clever ema ihe; ogu gu isi
climate
climb ihe elu
clinic ụlọ oria
clock elekra ọnye; oge
close ntachi; kpuchie; mechi
closed mgbachi
cloth akwa
clothes uweyi
clothing *women's* uwe nwanyi
cloud(s) igwe edojila
cloudy ubochi gbara ijiriji taa
clown iro ochi
clue nziuzo
coast isi miri
coast line ozu miri
Coastal People (Brass, etc.) Ndi Mba Mmịrị
coat kwọt
cobbler ọnye na-aru akpụkwụ
cockroach ụchicha
coco yam ede
coconut akụ ọyịbo; aki bekee
coffee kọfị; **coffee with milk** mmịrị oku di ike etinyere mmịrị ara ehi
coin ego
coincidence ndakọ
coins aghirigha ego
cold *noun* oyi; *illness* ahu-ọkụ; **cold water** mmịrị oyi; **I have a cold.** Oyi n'atụ m.
collar ọlụ uweyi
collective noklata
college ụlọ akwụkwọ
colloquialism okwu ububo njakiri

color itu agwo gwu; **color film** fim nachaputa achaputa
comb mbo
come
come in! bata!
comedy komedi
comedy ihe nkiri
comfortable chim-chim
comfortable afọ ọjụjụ
comic iro ochi
comic relief nhatuobi
coming of age *female* iru mgbede
commercial egba ahia
commission jarra
committee komitii; obere ọtụ ileta ihe
communal sentiment obi oha
communication nzimozi, nzikorita ozi
community noklata
compare itunyere
compare and contrast tulerita ma hocharita
compass kompas; ozi ụzọ
competence mmammuta
competition isọmpi
complaint mkpesa
composer oroegwu
composition *essay* edemede; akumakpu aromaro; *music* egwu; nromegwu
compound *(village)* nha
comprehension aghotaazaa
computer computa
concentration ehesia anya
concerning gbasara
concert ihe ochi
concert hall ụlọ ebe ana eme ihe ochi
condensation ima evuvu
condom kọndọm; ihe ana-enyi na amụ
conference ogbako; nzuko
conference room ebe nzuko
confirm ikwe
conflict ntuhiko; nghaliko; ndokasi; ndokurita; **to be in conflict with** iso okwu
confrontation agwara okwu
consider chee
constitution ihe nachikata obodo

construct aruruaro
construction mwube
consulate ụlọ ndi obia
consultant ọnye na ezi uzọ
contact lens solution mmịrị igegbe anya
contact lenses igegbe anya
context onodu
continue megedi
continuity nsochiuda
contraception njiko nwoke na nwanyi
contract verb isuko (lata)
contract noun kontirakt
contradiction nkghari; mgbhari uka
contrast verb iziputa ndi
control njikwata
convention nzuko, ogbako; usoro, kaesieme
conversation ububo
converse ntughari
convert gbanwe
convoy ndi nagakata
cook noun kuku; osi-nri
cook verb sie ihe
cooked: to be cooked ihe esieri esie
cooker ekwu; ihe eji isi nri
cooking pot ịte nri
cool oyi
co-operative ndosi
copper kopa; ola ocha
copse ohia ntakri
copy noun kopi; iye
copy verb ikopi
copy idere
copying nkopi
copyright nnwebiisinka
corkscrew ihe eji akpoghe karama
corn oka
corner na nkorinko
corporal punishment ipia ihe
correct kmpom kwem
corruption iri ngari
cosmic keuwa
costume ekike; ejiji; ekike egwụ
cot agada nwatakiri
cotton cloth mgbaji
cotton kọtọn; oyo; eri
cotton wool kọtọn wul; owu

count guo
counter ikwasa
country ala; obodo; ala-mmadu
countryside npuga obodo
coup d'etat mkpo-aghara ọchịchị
couplet ndakoritamkpi
course: of course! obu lezi
court ụlọ ikpe
cousin nwa nne/nwa nna
cover mkputchi
cow ehi; nama
crab nsikọ
craft nka
creation okike
creative art okwa nka
creator ọnye okike
creature ekereke
credibility odinkwenye
credit card akwukwe eji ana n'aka
creole kreolu; krio
creole language asusu krio
crime ihe ojoo
criminal ọnye ojoo
crisis nsogbu; orurugbana
criteria njirisi; njiritu
critical ndi lamkpa
critique nnyocha
crop rotation iku ihe
crops ihe ubi; mkpuru
cross verb nkufe
crossroads ebe Okporo ụzọ gafere
crown okpu eze
crude (oil) mmanu
crumb mgbesi
crystal ola ogbugbu anya
cultivate ịkọ ihe
culture omenaala
cup iko
cupboard ebe ana etinye iko
currency ego ala iji bia
current water mmịrị ohuhu; electric ihe n'ebe oku elektriki
curriculum kurikulum; njiko eji akuzu akwụkwọ
curse abumonụ
curtain(s) akwa mgbochi
curve igba irogho
curved igba irogho
cushion kushọn
custom omenaala; odibendi

customs *at border* ndi ne eche ahia iwu
cut gbúbie
cutlery ngaji; nma
cycle etemte
cyclic kemgbaulo

D

dagger asughara; opio; agbada; mma ihu abuo
dairy ebe eme mmiri ara ehi
dam olulu mmiri
dance *noun* nkwa; te egwu
dance *verb* ite nkwa; ite egwu
dance songs egwu/uri ogbugba
dancer ogba nkwa
dancing igba egwu
danger itu egwu
danger! nsogbu di!
dangerous ihe n'adighi mma
dark itiri
dark *noun* itiri
dark oji
darkness itiri
dash zam
date of arrival ubochi obibia
date of departure ubochi nhapu
date ubochi ole
date: What date is it today? Gini wu ubochi taa?
daughter ada
dawn isi ututu
day (24 hour period) otu ubochi
day ehihie
day ubochi
dead nwuru anwu
death ika; onwu
death penalty ikpe ikpe onwu
debate nrurita uka; mgbagha
debt ugwo
decade afo iri
decay ire ure
declare ikwu si ike
deep omimi
deer mgbada
defense nzoputa
define ikowasi; ikoke
definition nkowasi; nkoke
degree nzere; digrii
delay aga eche
delayed: The plane is delayed. Ugbo elu agaghi abia osi iso.
delta ngucha ohimiri
democracy demokirasi; ochichi ofere
demonstration nziputa
dental keeze; maka eze
dentist dokita eze
deodorant ihe eji esi isi oma
department store ebe ana ere ihe orire
departures opupu
deposit *financial* ndota ego
depth emiriemi
describe ikowa (odidi); nkocha
desert ala okponku
desire ochucho
desk ihe eji atukwasi akwukwo; oche ide ihe
dessert ihe a na-ere ma ericha nri; nri eji emeghari onu
destiny akaraaka
destroy mebie
detail uju
development ihe oputara
diabetic oria onu uto ona ariagi
diacritic akaranta
diagram esereese; dayagram
dial *verb* kua
dialect olundi
dialogue mkparita uka
diameter ihe oputara okirikiri
diamond ona edu
diaphram nguchi/ekwukwe ngu; nche ngu
diary dayari
diatribe pkwu nkocha
dictator onye ochichi aka ike
dictatorship omume oputa obie
dictionary nkowaokwu
die inwu onwu
diet ihe oriri di iche
difference ndimiiche
different idi iche
difficult ike; siri ike
difficulty siri ike
dig igwu ala
digest myochaputa
digestion myocha
digestive myoch nri
dilemma ntokiri
dining car ebe ana eri ihe

a = p**a**t   **e** = p**ay**   **i** = f**ee**t   **i̧** = p**e**t   **o** = s**o**

dining room ụlọ erimeri
dinner nri abali
diploma diplọma
diplomat ọnye na ekwuziri obodo ọzọ
diplomatic ties nwekota ndi obodo ọzọ
direct mgosi
direction ihe ngosi
dirty amuma; iru inyi
disappear kpafuo
disbelief ekweghekwe
disco disko
discord mgbaaghara
discover nchoputa
discovery ichoputa
discriminate acho mmeko
discrimination acho mmeko ncha
discuss ikpa maka
discussion ikpa nkata
disease ahu ojo
dish efere
disk-jockey ọnye na aku egwu
disperse mgbasa
displaced person ọnye ewepuru ewupu
displacement iwepu tinye ọnye ọzọ
dissertation dizateshon
distance ite aka
distribution nkewa
district agbata
disturbance agbaghara
divided nkewa
divination mgbamafa
divine *verb* igba afa
divisive nkeri ahiriuda
divorce alụkwa yim
divorced *female* nwanyi hapuru diya; *male* nwoke hapuru nwunye ya
do me
doctor dibia; dibia bekee; dokito
document dokụmenti
dog nkita
dollar dollar
donkey inyinya ibu
donor: blood donor ọnye na-enye ọbala
door ụzọ

doorlock mgbachi ụzọ
double bed agada dikotara
double igba abuo
double room madu abuo
down ala
drainage system ihe na-ebupu mmịri ọjọọ
drama *folk* ejije ndiife; *oral* ejije onụ; *popular* ejije ohuruoha; *traditional* ejije odinaala
drama ejije
draw se
drawer ebe ana etinye ihe
drawing ihe eseri ese
dream nro
dress uweyi
dressmaker ọnye na adu uweyi
dried *food* nni okponku
drill ihe eji egwu ihe
drink *noun* ihe ana anu anu
drink *verb* nuo; **drink milk** nuo miliki
drinking water mmịri onunu
drip ita kpom kpom
drive a car inya ugbọ ala
driver ọnye nanya ụgbọ
driver's license akwụkwọ eji anya ụgbọ
drop tupu
drought okochi
drug ogwu
drum igba
drummer oti igba
dry *verb* iko ako
dry season okochi
duck ọbagwụ
duet oluabuọ
duster nchicha; dosta
duties olu di adi
dye *noun* ufe

E

each ma otú ma otú
eagle ugo
ear nti
ear phone foonu nti
early na-oge
earring(s) ihenti; ola nti
earth *ground* ala; *planet* uwa
earthquake ala oma jigi jigi
east owuwa anyanwu

ọ = m*o*re   u = s*oo*n   ụ = p*u*t   ṅ = si*ng*

easy adigi ike
eat rie; irihe
economist ọnye na edozi ego
economy *of country etc* edozi
  ego
edge na-akuku
edit idezi; edekwa
editor odezi; ohazi odekwa
Edo Ndi Edo
education mmuta;
  agumakwụkwọ; edukeshon;
  adult education
  agumakwụkwọ okenye;
  teacher education
  agumakwụkwọ nkuzi;
  vocational education mmumu
  olu aka; **primary education**
  agumakwụkwọ praimari;
  secondary education
  agumakwụkwọ sekọndiri
effect mputara
Efik Ndi Efik
e.g. dika
egg akwa
eggplant
ego onwe
eight asato; isato; esato
eighteen iri na isato
eighty ohuano
elbow apa aka
elder *noun* okenye
election ohuho mmadu
electric okwo ọkụ
electrical goods store ebe ana
  ihe imu oku
electricity oku
elegy abụariri
elephant enyi mba
elevator ihe n'ebuli elu
eleven iri na otu
e-mail e-mail
embassy ụlọ ndi obia; ụlọ ndu
  mba ozo
emergency exit ebe opupu
  mgberegede
emotion mmetuta obi
emotional kemmetuta obi
empire mpaghara
empty ighere onu
enamel ona ocha mgbuke
encyclopedia nsaiklopedia

end *noun* ogwugwu
end *verb* ngucha
endurance ndidi
enemy ọnye iro
energy ume
engine njin; obi ụgbọ ala
engineer akaa mere igwe
English Bekee; Oyibo
enigma agbaragharii
enjoy nuria
enough zuru ezu
enter mbata; baye
entertain *guests* inabata na ofo
  ojuju
entrance examination ule mbata
entrance ụzọ mpụga
envelope uweyi akwụkwọ
environment agbata
epic *drama* udamkpafa; *poetry*
  ejijedike
epidemic oria mgberegede
equipment ngwa ọlụ
equivalent *noun* udinha
eraser nchicha; roba
escape mghafu
especially masiri
eternity ebighiebi
ethnic agburu
ethnic cleansing ethnic cleansing
etiquette omume
eulogy otito
euphemism nkwuma; okwu
  ekwumaha ntinyenanka
evacuate ikpọ pụ
evaluation nnwale
evening mgbe abali
every ihe-nile
evidence akaebe
evocation mkpolite
exactness dam
exaggeration egbeokwọ
examination ule; nlele akwụkwọ;
  ntule; nnyocha
examine ileba anya; nyocha itụle;
  nlele
excess baggage ibu kariri akari
exchange *money* igbanwe; igbo
  nwe
excluded ewepuru
excuse me! cheretú!
exercise ihe ọmume; arumaru

a = p**a**t   e = p**a**y   i = f**ee**t   i̩ = p**e**t   o = s**o**

exhaust ike ugbo ala
exhibition ihe ozizi
exhortation ndumodu
exile mgbafu
existence nndu
exit opupu
exodus opupu
expansion igbasa
expect icho
expensive odi onu
experience mmemara/ahumihe
expert dioka
explain kowa
explanation nkowa (ihe kpatara)
export *noun* izipu
export *verb* izipa no obodo ozo
exposition ndomanya
express osiso
exterior ihu
extra ozo; **extra blanket** ihe eji achu oyi ozo
extract iwaputa
eye anya
eyeball nkpuru anya
eyebrow iku anya

F

fable akuko ifo
fabric ihe eji-kpa akwa
face ihu
facing iche ihu
fact mmereme
factory ulo oru
fail *verb* ida
failure ihuojo; odida
fairy tale akuko mmuo
fall da; *rain* izommiri
fallacy nkowaasi
falling tone udanseda
fallowland ala aga ako ako
false asi
fame onye dim-kpa
familiarity mmatazu
family ezi na ulo; *of the compound* ezi na uloubara usekwu; *extended* ezi na ulo mbasa; *nuclear* ezi na ulo; **sub family** onu usekwu
fan fan
fan belt fan belt
fancy nruro

fantasy nruro efu
far anya
farm ubi
farmer onye (n'aku) ubi
farming iku ubi
fast ngwa ngwa
fasten kegide
fat *adjective* iburu ibu
fat *noun* ibu
fate akaraaka; eke
father nna; papa
favour ihu oma
fax faks
fear ujo
feather ugbune
feature mma; agwara
features
federation njiko obodo
federal state obodo jikolu onu
feed inye nri
feet ukwu
fence ngwe
ferry ugbo mmiri
fertile nwere ike imu mwa
fertile soil ala oma
fertilization fataliza
fertilizer fertiliza
festival songs egwu/uri mmeme
fever ahu oku
fiction akuko; akuko aroroaro
field mbara ala
fifteen iri na ise
fifty iri ise
fight olu abo na iri
fighter olu ogu
file *documents* ebe ozizo ihe
fill gbujuo
film fiim
film-maker onyena eme cinema
filtered filta
filterless no-filta
final examination ule ngwucha
find chota
finger mkpisiri aka; mkpuru aka
finish igwuagwu
finite: to be finite iso aso
finiteness nsuru
fire oku
fire-engine ugbo ala na egbo oku
firewood nku

o = m*o*re   **u** = s*oo*n   **u** = p*u*t   **n** = si*ng*

fireworks nkoo n la na agboke
  oku
first mbu
first-born child *female* ada; *male*
  okpara
first language asusu mbu
firstly mbu
fish azu
fisherman ogbu azu
fist aka
five ise; iso
fix mezie
flame ihe oku
flash ncha oku
flashcard flashikaadi
flashlight oku nezi uzo
flat *apartment* ulo obibi
flea igwu
flint flint
flock igwe
flood nkuku mmiri
floor ala
florist ebe ana ere fulawa
flour fulawa
flower
flu iba
flute oja
fly iji
fly *noun* ahuhu
fly *verb* ife efe
focus *noun* nche n'ihu
focus *verb* iche n'ihu
fog ijiriji
fold piajie
folk *noun* ndi
folk *adjective* ndiife; **folk ballad**
  akukoabu ndiife; **folk poetry**
  abu ndiife; **folk tale** ifo; **folk
  traditions** odinaala ndife; **folk
  dancing** amakekwu; **folk
  music** egwu amakewu
folklore echere odiaala
follow sóró
food nri
food processor ihe eji edosi
fool oluku; onukwu; onye
  nzuzu:onye ewu
foot ukwu; igidi; *measurement* fut
football futbol; futubol; bol
foothills odida ugwu
foothpath nkpata uzo

footnote nkowada
force ike
forced labor
forces; armed forces ndi aya; ndi
  soja
forehead egbugbere ihu
foreign onye mba/obia
foreign language asusu
  mbiabia/mba (ozo)
foreign minister onye n'afu maka
  ihe gbasara obodo ozo
forest ohia; oke chia
fork ngaji eze; foku
form *document* odidi; *shape* udi
formal keudi
formula fomula
fort ngadaba
fortnight izu uka abuo
fortune aku na uba
forty iri ano
forward okwu mmalite; okwu
  nkwado
forwards azuazu
fossil ihe ochie echedoro mma
fountain foutin
four ano; ino; eno
fourteen iri na ano
fourth nke ano
fragmentation ngbubecha
franc frank
free inwere onwe
freedom inweta onwe
freelance onoroonwe
freeze ihe ntu oyi turu
French Frenchi
french fries eghere eghe ji
fresh di ohuru
Friday fraide; abalise na wiki
fridge ntu oyi
fried ehere ihe
friend enyi
frighten ujo
frightened: to be frightened itu
  ujo
frog awo
front ihu
frontier boda
frost oyi ututu
fruit nkpuru osisi
fruit juice mmiri orum
fruits umu mkpuru osisi

fry ighe ihe
fuel fuwel; mmanu ụgbọ
Fulani Ndi Fulani
full moon onwa ukwu
full myinaabụọ; nzu
full: to be full up iju
fun ihe ochi
funeral ikwa ọzụ
furniture oche; ngwo ngwo ụlọ
fuse fiyuz
future ọ di n'ihụ

G

gallon galon
gap ọhere
garage ụlọ ụgbọ ala
garbage ahihia
garden gadin; ubi
garden ubi
gas *petrol* petrol
gas *not liquid* gas
gate onu ụzọ
gazette gazeeti
gear gear
generator ụgbọ na enye ọkụ
genitals *male* amu; *female* otu
genre udi
gentleman okorobia; nwaamadi
geography jiografi
geology jioloji
germination opupu
germs umo oria
get weta
get up kwuru ọtọ
girl nwa agbọọ
give nye
glass *drinking* nkalama
glasses/eyeglasses igabge anya
gloves uweyi aka
glue gulu
go ga
go by car were ụgbọ ala ga
goal gol
goat ewu; *meat* anụ-ewu
goats umu ewu
God Chi; Chukwu; Chineke
God willing! Ma Chikwe!
gold ola edo
good mma; o di mma
goodbye! ka omesial; **to say goodbye to** la nu; baibai

good luck! nwe ihu ọma
goods ibu
goose okwa
government ndi nwe ala; ndi ochichi/olobodo
gown (woman's) ụwe
gram gram
grammar utoasusu; grama; *traditional* grama okpụ
grandfather *father's side* nnanna; nna ochie nna; *mother's side* nnanne; nna ochie nne
grandmother *father's side* nne ochie nna; nnenna; *mother's side* nnenne; nne ochie nne
grass achara
grave *noun* ini
gravel okwute
green akwụkwọ nri; **green vegetables** akwụkwọ nri
greengrocer ọnye na ere nkpuru osisi
greet ekene
grill ihu n'ọgụ
grind ngweri
ground egweriri-egweri
groundnut(s) ahụ ekere
group otu
grow ọtito
growth į eto-eto
guava gova
guess ika okwu
guest speaker ọnye obia nwe ikwu okwu
guesthouse ebe onino ọnye ije
guidebook akwụkwọ igosi ihe
guitar gita
gun egbe
gut afọ

H

habit omume
habitat ebe obibi
hair abuba isi; abubara isi
hairbrush ihe eji abo isi
hairdresser ọnye na edozi isi
half mkprishi; nkeji; ọkara
hammer ụgbọro
hand aka
handbag akpa
handicraft ihe eji aka kpaa

ọ = m*o*re   u = s*oo*n   ụ = p*u*t   ṅ = si*ng*

handkerchief nfecha ihu
handle ihe ijide aka
happen meghaa
happy obi uto
harbor haba
hard ike
hardware store ebe ana ere ihe azinulo
harmattan winds uguru
harmony mmagba
harvest iri ihe ubi
hat okpu
Hausa Ndi Hausa
have inwe
he/she/it ya
head isi
health ahu oma
healthy ahu ike
hear inu ihe
heart obi
heart attack obi mgbafu
heat *noun* okpo fufu
heatwave okpom oku
heavy ike; nyiri aru
hedge ogege
heel ikili ukwu
helicopter ugbo elu ntakiri
hello! kedu!
help *noun* inye aka
help *verb* nye aka
help! zota m!
hepatitis ocha nanya
herbalist onye na enye ogu igbo
herbs ahihia ogu
herd igwe
here ebaa; ebea; **here are . . .** lakwaha . . . ; **here is . . .** lekwaya . . .
hero odogwu; dike
heroine odogwu nwaanyi
hide nzizo
high elu
highway *motorway* uzo ugbo ala
hill ugwu
hip akwu
history aguguala/akukoala
hit kie
HIV HIV
hold jide
hole oyere
holiday ezum ike

home ulo
honey mmanu anu
hoof mpi
hope okwukwe
horn opi; impi
horse inyinya
hose ihe eji agba mmiri
hospital ulo ogwu
hostage onye ejidere ejide
hostel ebe izu ike onye obibia
hot *not cold* odi oku; *spicy* ose; **hot water** mmiri oku
hotel ebe izu ike onye ije
hour nkeji; otu awa
house ulo
housefly ijiji
housing project ulo ana aru aru
how otuole
how many? ode ole?
human madu
human rights ike ndi mmadu
humanitarian aid ime ebere
humidity egbomoku
humor mmeochi
hundred nnari
hunger aguu
hungry: I'm hungry. Agu na agu m.
hunting ichu nta
hurry osiso; **I'm in a hurry.** i di m osiso.
hurt emughu ahu
husband di
hut ulo aja
hybrid agwaraagwa
hygiene idi ocha

I

I mu
Ibibio Ndi Ibibio
ice oyi; ihe oyi
ice cream ihe nracha
idea uche
identification nrugosi
identify irugosi
idiom akpaalaokwu
Idoma Ndi Idoma
Igara Ndi Igara
Igbo Igbo; Ndi Igbo
Igbo Language Teaching Expert Dioka na Nkuzi Asusu Igbo

a = p**a**t   e = p**a**y   i = f**ee**t   i = p**e**t   o = s**o**

Ijaw Ndi Ijaw
ill ahu ojo o; **I am ill.** Ahu adighi m.
ill-formed kemmugo
illogical keadiuchemnso
illustration ngosiputa
image nhunuuche; nnunuuche; oyiyi; udi
imagery myiyi; imejiri nhurunuuche; nnurunuuche
imagination enyouche
imitation nnomi
impersonal mpesin
implosive udandakpu
import igbata ihe na obodo
in ime; **in the afternoon** na ehihie; **in the evening** na abali; **in the morning** na ututu
in front of n'ihu
incantation agomago
incident omume ojoo
included atukwasiri
income ego mbato
increase ibuwanye
independence inwere onwe
input ntiinime
independent inweta onwe
independent state obodo noro onweya
indicator light oku ngosi
indigenous nsinaala mpunaala; mfunaala
indigestion afo mkpochi
indigo ufie
industry ulo ilu ihe
infection ihe nebuhie ebuhie
infection oria
influenza iba
informal kempunuudi
informality mpunuudi
information ebe ana eweta ozi
information office ulo nkowa
inheritance aku dabidoro mmadu
ink ihe eji ede akwukwo
inner-tube tub and taya
innuendo ntufeokwu
input inye aka na uzo diche
insect ariri; ahuhu
insect repellant ihe n'achipu umu ahihia
insecticide ihe n'egbu ahuhu

inside ime
inspiration mkpatemmuo
inspire ikpate mmuo
institution ewumewu
instrument mmee; ngwaegwu
insurance akwukwo ichebido ihe maka mmebi
insurance policy akwukwo ugbo
intensity idi ike
interesting idi uto
interference inobido iche bido
interior *of country* ime obodo
interlude ncheoge; emumenzuike
internal flight ugbo elu naga na obodo nke ya
international community ndi mba obodo ozo
international flight ugbo elu naga obodo ozo
international operator opareto nke ukwu
Internet internet
interpretation nkowa okwu
interval agbata
intervene nchebido
intervention mgbabido
interview iju ajuju
intestine ngili ato
introduction ndubata; mkpolite
intuition nsinammuo
invade wagbo ogu
invasion iwagbo ogu
invest itenye anya n'ihe
investment itenye ego n'ihe
iron *metal* igwe; igwe ndu; *for clothing* ayan
irony ogharaokwu
island ailan

J

jack jack
jacket uweyi oyi
jade ihe ohuru
January onwa mbu
jaw agba
jazz jazz
jeans uweyi ukwu
jester mkpaamu
jewelry ola
job oru
job seeker onye mgbe oru

ǫ = more   u = soon   ų = put   ṅ = sing

join jikodo
joke okwuako
journal jonalu
journalist ọnye nta akuko
journey njem
judge nnukwu ọka iwụ
jug iko
July onwa asa
June onwa isi
jungle ime ọfịa
just now ketaa

K

Kanuri Ndi Kanuri
kettle ketal
key ntughe; nkowa njieme; otugwa
kick igba ukwu
kidney akpa nwamiri
kill igbu
killer ọnye ogbugbu
kilogram kilogaram
kilometer kilomita
king eze
kingdom obi eze
kiosk ụlọ ana ere ihe ntakiri
kiss isusu onu
kitchen ụlọ ana esi nni
kite egbe
kitten nwa ọbala
knee ikpere
knife mma
know ima
knowledge ima ihe

L

labor ọlụ
laboratory nga ana akụ ọgụ
laborer ọnye ọlụ ugbo
ladder ihe eji ari elu; mbube
lady agboghobia
lake ogbaka mmịrị
lamb nwa aturu; *meat* anu aturu
lament abuakwa
lamp onwu ọkụ
lampoon edumede nkaru
land *noun* ala; **fertile land** ala n'eto ihe
landslide odida ala
lane ụzọ
language asusu; **sacred language**

asusu ofufe; **written language** asusu edereede; **spoken language** asusu onụ; **creole language** asusu krio; **first language** asusu mbụ ọnye; **foreign language** asusu mba; **international language** asusu ozuruuwa/ozurumba; **native language** asusu epum/nne; **national language** asusu obodo/ala; **official language** asusu ọchịchị; **patois language** asusu ogbedu; **pidgin language** asusu agwaragwa; pijin; **regional language** asusu mpaghara; **sign language** asusu akara; **standard language** asusu izugbe; **technical language** asusu amumamu
large nnukwu
larger ditu ukwu
last mkpete azu; **last night** abali gara aga; **last week** izu uka gara aga; **last year** afo gara aga
lateness ikpe azu
laugh ịmuri amu
laundry ebe ana asa akwa; ihe ana asa asa
law ikpe
law court ụlọ ikpe; ụlọ ọka iwu
lawn ezi
lawyer ọnye ikpe
lax myomyo
lead *verb* buru ozo
lead *noun* dube
leader ọnye isi
lead singer ọnye isiuri
leaf akwụkwọ osịsị
learn mmịọ
leather akpukpo anụ
leave hapụ
Lebanese Kora
left aka ikpa
left-wing ọnye isi ike
leg ukwu
legend akuko mgbeaka; akuko mgbokpụ; akuko ndiichie; nkoririko
lemon oroma ngbakasi onu
length ogologo
lens anya kamera

less di nta
lesson ihe ọmụmụ
letter akwụkwọ ozi
letter *of alphabet* mkpuruabidii
level larri
level pitch piichi larii
libel nkwuto
liberation igbaputa
library oba akwụkwọ; labrari; ụlọ ana enweta akwụkwọ
lid nkpu chi
lie asii
life ndu
lift *noun* lifti
lift *verb* bulie
light *adjective* di efere
light *noun* nta
light bulb ihe mmuya oku
light meter ihe nagu oku
lighter fluid mmanu ihe eji amunye oku
lighter ihe eji agbanye oku
lightning egbe igwe
like *preposition* dika
like *verb* odika; **I don't like it.** O masighi m.; **I like it.** O masiri m.
limb *leg* ukwu; *arm* aka
limit nje debe
line ahiri
linen linin
lingua franca asusu nkweko
linguistic group lingwistiiki mpaghara
lip egbugbere onu
lipstick ihe ana ete nonu
liquid mmiri
list idetu iha
listen igenti
liter lita
literature agumagu; **folk literature** agumagu ndiife; **oral literature** agumagu onụ
little ntakiri
live ibi
liver imeji
lizard ngwere
load ịbu
lock *noun* mgbachi
logic uchenso
logical keuchenso
long ogologo

long sight ogologo anyanhu
look ine
loose change ego aghirgha
lorry nnukwu ụbgọ ala
lose: I have lost my key. Etufụọla m otugwa m.
lost: I am lost. Efuọla m.
loud mkpọtụ
loudness uzu
louse igwu
love *noun* ihunanya
love *verb* ihu n'anya
love songs egwu/uri okwu
low ala
lunch nri ehihie
lung nkpofuru
lyric abuune

M

machine mashin
machine gun ebge ukwu
magazine magazin; akwụkwọ nleghari anya
magic ihe gbalu yari
mail mel
mailbox ebe ana etinye akwụkwọ edere
main square ama ukwu
maize oka
major *adjective* nnukwu
majority ndi kariri
make mebe
malaria iba
malnutrition aguu
man nwoke
manager ọnye ịsị
mango mangoro
manners omume
manuscript nderenaaka
many kariri
map ihe nakowa ụzọ
marble okwute tụrụ nka
March onwa ato
mare nne inyinya
marital status iluola di ko iluola nwanyi
mark *noun* mark
market ahia
marriage olulu; nwanyi
married *female* nwanyi luru di; *male* nwoke luru nwanyi

ọ = m**o**re   u = s**oo**n   ụ = p**u**t   ṅ = si**ng**

marsh ala ngu
mascara ihe eji acho nma
mask mkpu
master musician diegwụ
match *football* mech
matches ndoro ndoro; ihe eji
  amunye oku
mathematics som; maasi
mattress agada; ibila
mature ahu ima ihe
May onwa ise
may I? cheretu?
meals erimeri
meaning nghota, mputara
meat anu
mechanic ọnyena akuzi ụgbọ ala
mechanic ọnye nedozie ụgbọ ala
medicine ọgụ
meet nzukọ
meeting nzuko
melody oluegwu
melon egusi
melt mgbaze
member ọnye otu
memoirs edecheta
men umu nwoke
mend i dozi
mercenary ọnye oji ndu acho ego
merchant ọnye ọzụ ahia
message ozi
metal ola ocha
metaphor mburu; oyiri; metafo
meter mita
mice oke
microscope mikroscop
midday ehihie
middle etiti
midnight ime abali
mile mil
milk mmịrị ara ehi; miliki
mill mill
million (otu) nde
mind uche
mine *mineral* min; *explosive* main;
  ogbu n'igwe
minefield mbara main
miner mina
mineral water mmịrị uto/
  mineralz
minibus kiki; buz
minister ọnye isi

ministry olu ndi isi
minority ndi di ntakiri
minstrel oguako
minute *time* otu nkeji
mirror nnyo; ugegbe
miscellaneous ngwaraogwa
missile bọmbọ
missionary ndi mgbasa ozi ọma
mistake mmefe
misty ijiriji
mix njiko
model ihe ima tụ
modem modem
modern ugbua; ohuru; ihe ohuru
modern music egwu ugbua
monastery ebe ndi fada
money ego
monkey enwe
month otu onwa
monument ihe akpuru akpu
mood onochiobi; muudu
moon onwa
more ịmịrịkiti; dikariri; **more or
  less** ma ukwu, ma nta
morning ututu
mosque ụlọ ndi n'efe Muhamed
mosquito anwuta
mosquito coil ihe na egbu
  anwuta
mosquito net ihe na ejide anwuta
mother nne
motor ịnji
motorbike ụgbọ ukwu abua
mtorway ụzọ ụgbọ ala
mountain ugwu ukwu
mouse oke
mouth onu
mouthwash ihe eji asa onu
move gawa
much kariri
mule inyinya ibu
murder igbu mmadu
murderer ọnye ogbugbu
museum ụlọ ihe ochie
music egwu nkwa; nsi egwu
musician ọnyeegwu
mustach aji onu; afọ ọnụ
myth; mythology ifuru/akuko
  okike

N

nail mbo
nail clippers ihe eji abe mbo
naira naira
name aha
napkin akwa eji ehicha aka
narration akomako
narrator oko akuko
narrow kpachiri
nasty ajo
nation obodo
natural disaster mgberegede
nature odidi
navy ndi agha ụgbọ
near nso
neat ocha
neck onu
necklace ihe onu
need icho
needle ntutu
negative nju
negotiator ọnye ikpe
neighbor agbata-obi
new ọhụrụ
new moon ọnwa ọhụrụ
newspaper akwụkwọ ozi
newsstand ebe ndi ncho akuko
next ọzọ; **next week** izu uka nabia abia; **next year** afo nabia abia
nice mma
night abali
nine eteghiete; itenaani; toolu; toolu
nineteen iri na iteghefe
ninety iri iteghete
no entry ụzọ adighi
no mba
noise nkpatụ
noisy ụzụ
noon ehihie
normal nọmal
north olile anyanwu
nose imi
notebook akwụkwọ ihe ndote
nothing onweghi
novel iduuazi; novul
novels in English akwụkwọ akuko Bekee

November onwa iri na otu
now ugbua
number onuogu
numeral onuọgugu
nurse ọnyeuweyi ọcha
nursery rhyme urinwa
nut *food* aghia ekere

O

oath iyi; agbara
observer ọnyena ele anya
occasion ihe emume
occupation ihe oru aka
occur ino
occurrence nnuno
ocean mmịri
October onwa iri
ode ngigo; ugoli; mbem okwụ
of course! ezi okwu!
officer onye ishi
officer worker ọnyena aru ọru bekee
oil company ndi negwu mmanu
oil mmanu
oil worker ọnye oru mmanu
oilcan ihe eji ejide mmanu
oilfield mbara mmanu
okra ọkrọ
old ochie; agadi
Old City Obodo Ochie
on na
on top of n'elu
once otu ụgbọro; otu ọnụ
one otu; ofu
one-way street Ebe otu ụzọ
onion yabasị
open mmehie
opera house ebe ana agu egwu ukwu
operating theater ebe ana awa ahu
operator opareto
opposite n' ihu
opposition ndi nekwataghi
oppression imegide
oppressor ọnye n'emegide mmadụ m'ọbụ
or ma ọwu
oral literature agumagu onu
oral poetry abu onụ
orange oroma

ọ = m**o**re **u** = s**oo**n **ụ** = p**u**t **ṅ** = si**ng**

orchestra okịstra
order *verb* usoro
ordinary nkiti; okporo
organ ogan
original nsinambu
orthography nsoroedide
other ọzọ
out opupu
output mputa; mmeputa
outside iro; mbara
oven afan
overcoat uweyi mkpuchi
owl ikwikwi
own *verb* nke m
owner ọnye nwe ihe
oxygen ikuku

P

package ihe nkechi
padlock mkpachi
padlock otugwa
page ihu (akwụkwọ)
pail ngbụ
pain ahu mgbu
pair(s) mkpi
painkiller ogwu mgbu; ogwu ahu
    mgbu
paint *verb* uhe
palace obi-eze
palm nut nkpruru nkwo
palm tree osisi nkwo
palm wine mmanya ngwo; nkwu
pantomime ejije ogbụ
paper ihe eji ede akwụkwọ
parable ukabuilu
parachute ihe ntuda ụgbọ elu
parallel myiemetu
parcel ngwugwu
parent onye n'enata anya
park ebe ana egwu egwu
parliament building olu ndi
    ochichi
parliament nzuko ochichi
parliament ụlọ ndi iwu
parody njije
part agba; nkewa
party *festive* ihe anwuri; *political*
    otu ndoro-ndoro
pass *verb* igafe; ipaasi; **to pass an
    examination** igafe ule
passage edereede

passenger pasịnja
passion ahuhu
passport akwụkwọ eji eje ije
past gara aga
pasture aga akọ ihe
path ụzọ
patron okwado
pattern nsoro; adimadi
pause nchetu
paw ukwu nkita
pawpaw popọ
pay *noun* kwuo
pay *verb* kwuo ugwo
peace udo
peace-keeping troops ndi
    nedote udo
peak isi-isi
peanut ahu ekere
pebble okwute ntakịrị
pedriatician dokita n'ahu maka
peel becha
pen nkpisi akwụkwọ
pencil pensil; nkpisi akwụkwọ
penknife mma ntakiri
people ndi mmadu
pepper ose
percusssion nkwako egwụ
perform igọsi
performance emume ngosi
performer ọnye ngosi
perfume ihe na esi isi oma
perhaps ike kwa
period oge; mgbe
person mmadu
person pesin
petrol mmanụ ụgbọ ala
petroleum mmanu ụgbọ ala
pharmacy ebe ana enweta ogwu
phone *noun* uda
phone *verb* mkpuruuda
photocopier fọtọkọpia
photocopy fọtọkopi
photograph foto
physics fiziiki
physiotherapy fiziyo
piano piyano
pickax anya ike
picture foto
picture enyo
pidgin pijin
piece ịbekere

pig ezi
pigeon nduli
pillow mpalisi
pilot onye n'akwo ugbo elu
pin nedudu
pineapple nkwu jbu
pint payint
pipe okpoko
pistol egbe nta
place ebaa
plait igba ihe
plank osisi
plant *verb* kuo
plant *noun* osisi
plantain ogede ojoko; abrika
plantation nga ana ako ihe
planting iko ihe
plastic plastik
plate efere
plateau obere ugwu
platform nke
play *theatre* ihe ngosi igwu-egwu
play *verb* egwu
play on words aruru okwu
please biko
plenty ofuma
plot *scheme* nhazi akuko
plow iku obi
plug ihe na eweta oku
plug plug
pocket akpa
podium podium
poem abu
poetry abu; **didactic poetry** abu nziko; **epic poetry** abu akuko dike; **folk poetry** abu ndiife; **historical poetry** abu akuko ala; **invocation poetry** abu mkopku; **lullaby poetry** abu ngugu nwa; **lyrical poetry** mbem; **mythological poetry** abu akuko okike; **narrative poetry** abu akuko; **oral poetry** abu onu; **poetic poetry** keabu; **popular poetry** abu otito
point of view keeshirihu
poison ihe na egbu mmedu
police ndi uweyi oji
police station ulo ndi uweyi oji
policeman onye uweyi oji
polite iso anya

political scientist onyendoro ndoro
politician onye ndoro ndoro
politics ndoro ndoro
pony nwa inyinya
poor ogboyi ogbonye
pop music egwu poopu
pop musician onye egwu poopu
popular ozuruoha
population mmadu bi na obodo
pork anu ezi
porridge awai
port nga ugbo mmiri n'edo
possession nnweta; nkete
post office ebe ana teye akwukwo edere ede
postcard akwukwo ozi; ihe nakowasi obodo
pot ite
potato potato
pottery ihe ana akpu akpu
pound pound
pour ntanye
powder lhe eji acho nma
power ike
power cut oku elektrik adighi
praise otito
prayer ute ikpe ekpere
pregnant ifo ime
premier onye isi
prepare nkwado
prescription mmaiwu
prescriptive kemmaiwu
present *now* ni ihu
present *gift* ugbua
president onye isi ala obodo
presidential guard ndi na elekota onye isi obodo
press *verb* ide
pressure: blood pressure mgbali obara; **high blood pressure** obara mgbali elu; **low blood pressure** obara mgbali ala
pretty imma
prevent ikwusi
previous nga gara aga
price ego
prime minister onye isi
primitive nke gboo; oge gboo
prince nwa nwoke eze
princess nwa nwaayi eze

printer printa
prison nga
prisoner ọnye nga
private *adjective* nke m nani
prize ịhe onyinye
problem nsogbu; **no problem!**
   nsogbu adịghị!
proceed gawa n'ịhụ
production imeputa ihe
profession aka oru eji mara ọnye
professor okammuta; profeso
profit uru
progress *noun* ịga n'ịhụ
progress report repootu
   agamniihu
project *noun* arumaru; projekti
projector projekta
promise *noun* kwe nkwa
promise *verb* ịkwe nkwa
promote *verb* ibụfe; ibụli n'okwa
pronoun nnochiaha
pronounce ikpo
pronunciation mkpoko
proof ngosiedemede
property *land* ịnwe ala
protect ichedo
protection chedo
protest inwe isi ike
prove ido anay
proverb ilu
public execution igbagbu mmadu
   nihu ogbara oha
pulse usu
pump pọmpọ
pumpkin ụgụ
pun urookwụ
punishment ahuhu ntaramahuhu
pupil *school* nwa akwụkwọ
purpose ịhe ogbasara
purse akpa
pus abu
push inupu
put tinye

Q

qualification ntozu; nzere
qualify itọozụ
quantity imirikiti
quarrel ise okwu
quarter *of four* ụzọ ano
queen eze nwanyi
query *noun* mgba nju

query *verb* igba nju
question ajuju
questionnaire ajuju nchoputa
quick osiso
quiet jii
quiz ajuaza
quotation nsere okwụ

R

rabbit oke ụlọ
radiator radiyeta
radio redio
radio station redio steshan
railroad njakiri
railway okporo ụgbọ igwe
rain udu mmịrị
rain mmịrị
rain: It is raining. Mmịrị na ezo.
rainy season udu mmịrị
raise ibulita
ram mpki atụrụ Hausa
range ugwu
rank *noun* okwa; nsoro
rape imetosi mmadu
rapid osiso
rat oke
ravine ọnunu
raw ndụ
razor reza
razorblade reza-bled
read *verb* ogu akwụkwọ
reader ogu akwụkwọ
readiness nkwadowe; njikere
reading ogugu
ready nkwadota
real ezigbo
reality nsiridi
realize mgbanuuche
reaping iri ihe ubi
reason mgbaghaputa; mkpatara
reason ucheobi
receipt rasit; akwụkwọ eji kwu
   ụgwọ
receive nabata
recent isi nso
recitation nguniisi
recite igụ n'isi
recommend ekwadoro
record nkwa
record player rekoodu awantiro
record rekoodu
red uhie

red mmeemmee; obara-obara
reduce wepu
reed ami
referee rafari
refinery ebe ana eme mmanu
reform *noun* igbanwe
refrigerator ihe n'aju ihe ogi
refugee camp ụlọ ndi ogbo oso
refugee ndi ogba oso
refugee ọnye ogba oso
refuse ahihia
region mkpaghara
register *noun* rejista
registered mail akwụkwọ
    etinyere naka ndi ozi
regularly kwa oge
relation mmetuta
relationship mmekorita
relative nwa nne
relief aid ihe ntinye aka
religion uka
religious studies omumu ofufe
repeat imenwe; ikwụnwe
report *noun* akuko
report *verb* ikpesa; ikosara;
    ikọturu
report repootu
reporter kwunsara
representative ọnye nochiri anya
research *noun* nchocha
research *verb* ichocha
reserved ebe edotara
reserves nke edotere edote
resistance ịnụpụ isi
resource centre ebe nju
rest *resting* ịzu ike; *remainder* ọzọ
rest *verb* zua ike
restaurant ebe ana erị nrị; nga
    ana erị nrị
result rizootu
resume; summary nchikota
retard *verb* idọla azu
retardation ndola azu; ukpor
return wechita
reverse *noun* ntughari
review ntuleghari
revise imeghari; imenwe
revision mmeghari; mmenwo
revolution oghanadum; oghaniizi
reward ugwọ; ngọ
rhyme ndalorita
rhythm ndanuusoro; ridim;

ahiriuda
rice osikapa; urosi
rich ogaranye
ride a horse ịnya anyịnya
right *side* aka ikpa; *correct* o di
    mma
ring *noun* mgba-aka
ripe chara acha
rise ịto
rites ntoaja
ritual kentoaja; keaja
river mmịrị
river bank nkuku miri
river course usoro mmịrị
river source ebe mmịrị si bido
road ụzọ; road map akwụkwọ
    naezi ụzọ obodo; road sign
    ngosi ụzọ; roadblock ụzọ
    nkpochi
roast *verb* ịhụ n'oku
robbery ohi
robe uwe
rock nkume; okwute
rocket ọgbụ na igwe
role *social* oke na olu
romance ufere
roof elu ụlọ
room ime ụlọ
room number onu ogugu imụlọ
rooster oke okuko
root mkpọrọgwụ
rope eriri
round *adjective* okirikiri;
    gburugburu
roundabout gburugburu
row ahiri nkwa
rubber *substance* roba; *eraser*
    nchicha
rubbish ahịhịa
rude anagi aso anya
ruins olu dara ada
rule usoro; iwu
ruler *political* ọnye ọchichi;
    measure rula
run ịgba ọsọ
rust ita nchara

S

sack akpa
sad nnwuta
sadness ihe nnwuta
safety adigi egwu

ọ = more   u = soon   ụ = put   ṅ = sing

safety pin ihe eji ejide uweyi
saga akuku agburu; iduu
sailor ọnye n'asọ ụgbọ mmiri
salad ahihia nri
salary ụgwọ-ọnwa
salt nnu
salty odi nnu nnu
same atu afụ
sand aja
sandpaper asisa; sanpepa
sandwich ihe o tita
sap mmiri osisi
sarcasm mkpori
satellite satelait
satire ikpe
satirist okpe ikpe
satisfaction ojuju afo
satisfied: to be satisfied ijụ afo
sauce ọfe
saucepan ile isi ọfe
savings ego ndota
saw ihe nkwobi
scale akikọlọ
scan inyonye anya
scar apa
scared: to be scared ịtụ egwu
scarf ichafu isi
scene (ihe) nkiri
scenery ebe nkiri
scheme of work atumatu nkuzi
scholar okammuta
school ụlọ akwụkwọ; **nursery school** ụlọ akwụkwọ ọtaakara; **primary school** ụlọakwụkwọ praimari; **secondary school** ụlọakwụkwọ sekọndiri
science sayensi
scientist omumu ihe
scissors ncha; sizaz
scooter, motor scooter skuta
score: What's the score? Owu gini ka eji gbagbue?
scorpion akpi
screw sikru
screwdriver sikrudreva
sculpture akpuruapu
sea osimiri
season noun oge
seat oche
second 2nd abua; of time otu akara nkeji
secret nzuzo

secret police 'state security'
secretary ọnye ode akwụkwọ
section nkeji, nkebi; akuku; mpaghara; **cross section** nkebi ekere; **sub section** nkebi nta
security ihe nchedo
see ihụ
seed nkpuru
seek ichọ
segment nke
select verb ihoro
selection nhoro; nhoputa
sell ile
seminar semina
seminar paper edemsemina
send sipu
sense meaning mputara; uche; nhuru; feeling etc uche iru
sensory perception nputara
sentence ahiriokwu
separate ọ di iche
September onwa itoli
sequel nsoje
sequence nsoje; nsuso
series nsoro nsoro; nsonso
sermon okwuchukwu
set noun dote
set verb dota
seven asaa; isaa; esaa
seventeen iri na asaa
seventy iri asaa
sew nkwachi
sewing machine ihe eji akwa-akwa
shade ndo
shake ọmajiji
shampoo ihe eji asa isi
shape udi; odidi
share ike
sharp dinkọ
shave ikpụcha
shaving cream ihe eji aku ihu
sheep aturu
sheet akwa agada
shell military bọmbọ; snail, etc. okpokoro
shepherd ọnye n'achi anụ
shift verb inofega; ikpumi
ship ụgbọ mmiri
shirt uweyi ahu
shoe(s) agbayi ukwu

shoeshop ebe ana ere agbayi ukwu
shoot *verb* gba
shop ebe ana ere ihe
shopkeeper onye ahịa
short mkpiriishi
short cut ịbe nkenke
short story akuko mkpirisi
shorthand writer odenke
shorthand ndenkenke
shortness mere-mpe
shoulder ndabi olu
shout *verb* ntị nkpu
shovel ngwu ala
show *verb* igosi
shower ihe eji asa ahu
shrine ihu mmuo
shut *verb* mmechi
shy ipere
sick ojo
side ọya
sieve nyọ akụkụ
sign ihe eji ezi ụzọ; ntuaka; nruaka
signature mbiba aka
significance mkpa; uru
silence nwanyọ
silver ola ocha
similar (to) iyi
similarity myiri
simile ndika; myiri
sing uri
singer ogu egwu; **lead singer** ọnye isi uri
single otu
single: *female* nwanyi na alubegi di; *male* nwoke na alubegi nwanyi
sink *verb* ndamina
sister nwannem nwanyi
sit inọ ala
sitting room
six isii
sixteen iri na isi
sixty iri isi
skeleton ọkpụkpụ mmadu
skepticism ekwechaghi
skill nka
skim mmanyeanya
skin ahụ
skull ọkpụkpụ isị
sky enu igwe
slander nkaru

sleep *noun* ịhi ura
sleep *verb* ịhị ura
sleeping bag akpa eji ehi ura
sleeping car ebe ana ehi ura
sleeping pills ogwu ura
sleeve aka uwe
slip *verb* mepu
slogan okwuejiama
slope mkpo da ugwu; ndida ugwu
slow nwanyo
small mkpuru nta; ntakiri; **small letter** mkpuru abiidii nta
smaller ditu nta
smell *verb* ịsị
smile *verb* imịrị amu
smoke *noun* anwuru
smoke *verb* $kwu anwuru
snack ihe eji emeghari onu
snail eju
snake agwo
snake bite agwo otita
snore ikwo-ura
soap ncha
social class otu ọgbo; otu ebiri
soccer futbọl
soccer match ndoro ndoro futbọl
society *association* oha; ogborogbodo; *social* otu; oha
sociology soshiolọji
socks uweyi ukwu
soft adighi ike; ndi nlo
soil aja
soldier ọnyena alụ ogu; soja
soliloquy ntakwu
solo-singer olu nnaa
soloist ogu ụri
someone otu ọnye
son okpara
song uri; egwu; **initiation song** uri abamaba; **masquerade song** uri mmanwu; **nursery song** uri nwa; **political song** uri ọchichi obodo; **praise song** uri ofufe; uri ike/otito; **satirical song** uri ikpe; **lullaby song** uri ngugu nwa; **children's play songs** uri umuaka; **dance song** uri ogbugba; **festival song** uri mmemme; **funeral song** uri akwamozu/okwukwa; **love song** uri okpọ; **marriage song** uri alumdi; **maternity song** uri nwa

ọ = m**o**re   u = s**oo**n   ụ = p**u**t   ṅ = si**ng**

sonic keuri
sophistication uda
sorcery okaegosi
sorry! ndo!
soul mmụọ; mkpuruobi
sound uda
soup ofe
sour ogbara uka
source nsiputa
south nleda anayanwu
souvenir shop ebe an ere ihe eji echeta obodo
sovereign eze
sowing iku ihe
space *area* ohere
spade ngwu ala; ugo
spaghetti pasta
spanner spana
spare ọzọ
speaker ọnye okwu
speaking okwukwu
specialist ọnyeoputa obie
specific objective mbunuuche kpomkwem
spectacle ihe nkiri
speech *talking* okuihụ; *performance* okwu/ekwumekwu
speed oke oso
spell *verb* isụpe
spelling nsupe
spend *money* ịkpasa ego; *time* ịkpasa ọge
spicy di ofu
spider udide
spokesman ọka okwu
sponge sapo
spoon ngaji
spy ọnye nyocha
square *of town* ogbe
stable ubi
stadium ebe ana agba bọl; stadium
stage *of theatre* ogbo
stairs ihe eji aliogo elụ
stale omela ochie
stallion inyinya
stand *verb* ịkwudo
star kpakpandu
start *noun* mbido
start *verb* ibido ihe
state *nation* obodo; *condition* ka

ihe di
station *train* ụlọ ụgbọ ala
stationer's ahia akwụkwọ
statue ihe akpuru akpu
status okwa; nkwuru
stay nọdụ
steel igwe
steering wheel steering wheel
step *noun* nkebi
stereotype agbanwo
sterling sterling
stethoscope 'stethoscope'
stick *noun* osịsi
still *adverb* otu nga
still *adjective* adighi mmeghari
stimulate imelite; ikpalite
stimulation mmalite; mkpalite
stimulus okpali
sting igba
stir kuyarị
stitch ntachị
stomach afo
stomachache afo ohihi
stone okwuta
stool *chair* ọche
stop *verb* kwụsị
stop! kwusi!
story akụkọ
stove ekwu igwe
straight ogologo
straighten igbati
straight on ogologo
strainer nyọ
stranger ọnye ọbịa
stream mmịrị ọrụrụ
street ụzọ
strength ike
stress *emphasis* ikeolụ
stress *tension* nsuoobi
stretch ntụsa
string eriri
strong ike
structure mkpe
struggle mgbali
student nwa akwụkwọ
stutter isu nsu
stutterer ọnye nsu
style aka nka
style of writing aka edemede
subject *topic* ihe gbasara; *school* ihe gbasara
substance umi

subtlety ako
suburb ezi nta
success ihuoma
succession nnochoteanya
sugar ihe biri-biri; suga
sugar cane ọkpete; mgboko; suga ken
suit uweyi eji achu oyi
suitcase igbe
summary nchikota
summit isi-isi
sun anwu
sunburn anwu ịgba ọkụ
sunny anwu ochicha
sunny season okochi
sunny: It is sunny. anwu nacha
sun rays anya-anwụ
sunrise ntuwata anwụ
sunscreen sọnskrin
sunset anwu ọdị da
supermarket ahia ukwu
supervise ilekota; ileta
supervision nlekota; nleta
supervisor ọnye nlekota
supper nri abali
supply bugara
support *noun* nkwado; ndọnyere ukwu
support *verb* ikwado; idọnyere ukwu
sure *adjective* ezie
sure! esi okwu!
surface n'ehu
surgeon dibia na awa ahu; ọnyena awa ahu
surname aha nnagi
surprise mberede
surprised ntụmade
survey sofia
swallow *verb* olilo
swamp omi
sweater uweyi ichu oyi
sweep *verb* iza
sweet *adjective* ịhe di uto
sweet *noun* ịhe uto
sweet potato ndụku
swimming igwu mmịrị
sword opia
symbol odimara
symbolic keodimara
symmetry nhatanha
synagogue ụlọ uka ndi Jew

synonym myiri
syringe ndudu
system sistem

T

table agada eji edote ihe
tail ọdụ
tailor ọnye na eti uwe
take were
tale akụkọ
talk *verb* ịkwu okwu
talks okwu
tall ogologo
tampons akwa ogodo
tank *military* tank; *container* tanki
tanker tanka
tap (faucet) tapu
tape (cassette) tep (kaset)
tape recorder tep-rakọda
tasteless onweghi uto
tasty odi nma
taxi driver onye n'akwo ugbo ala
taxi takzi
tea mmịrị oku; **tea with lemon** mmịrị oku etighere oroma nkirisi; **tea with milk** mmịrị oku etighere mmịrị ara ehi
teach kuzie
teacher onye nkuzi
team ndi otu
tears anya mmịrị
teaspoon ngaji ntakiri
teeth eze
telecommunications ọnyena aru oru waya
telegram waya
telephone center ụlọ analekota okwu ikuku
telephone ihe eji ekwo okwu nikuku
telescope tịlịskọp
television televishon
television antenna eriyal
television station televishon steshan
telex teleks
tell kwuo
temperature *fever* ahu oku
temple ụlọ uka
ten iri; ili
tense tensi
tent nchu anwu

ọ = m**o**re   u = s**oo**n   ụ = p**u**t   ṅ = si**ng**

tent pegs ihe eji ejide nchu anwu
termite akika
territory nnukwu ogige
test ule; nnwale
textbook akwukwo omumu
texture udidi
thank you imela
that nka ahu
theatre ekwuru; ulo egwu egwu
theft ohi
then emecha
theory atutu
there ebe-ahu
therefore yaka
thermometer temomita
these ndiaa
they ha
thick elu
thief onye ori
thigh mpata ukwu
thin gerigi
thing ihe
think ilo ilolo
third ato (nke ato)
thirst agu mmiri
thirsty: I'm thirsty. Akpiri n'akpo
    m nku.
thirteen iri na abo
thirty iri ato
this morning ututu a
this nkaa; **this week** izu uka nkaa;
    this year afo nkaa
thorn ogu
those ndieri
thought echiche; aro
thousand (otu) puku
thread owu
three ato; ito; eto; **three times**
    ugboro ato
throat akpiri
throw tuo
thumb mkpabi aka
tick *insect* igwu
ticket tikiti
ticket office ebe ana ewere
    akwukwo opupu
tie eriri olu
time oge; mgbe; **What time is it?**
    Kedu ihe oge nekwu?
timeline ahiri oge
timetable nkegba; oge eji aga
tire *of car* taya

tired ike ogwu gwu
tissues ihe eji echicha imi/ihu
Tiv Ndi Tiv
tobacco anwuru
today taa
toe isi nkpisi ukwu
together idiko n'otu
toilet ebe a n'anyu nse
toilet paper akwukwo eje ehicha
    ike; ihe eji ehicha ike
tomato tomato
tomb ili
tomorrow echi
tone udaolu
tongue ire
tonight n'abali taa; ne abali
too little odi ntakiri
too much bukaririibu
too much okariri akari
tool ngwa olu
tooth eze
toothache eze ngbu
toothbrush ihe eji asa eze
toothpaste ihe eji asa eze
toothpick ihe eji aghu eze
top isi
tortoise mbe
torture imegbu mmegbu
totem anu nso
touch *verb* metu aka
tourism ihe gbasara ndi ije
tourist onyeije
tow rope eriri eji ado ugbo
towel akwa eji ehicha ahu
tower ulo ogologo
town ime obodo
town center ime obodo
townspeople ndi obodo
toy ihe iguri egu
tractor trakta
trade izu afia
trade union nzuko ndi neligede
    ndi ozi
traditional ochie; odinaala;
    traditional musician onye
    egwu odinaala; **traditional
    music** egwu/nkwa odinaala;
    traditional sayings
    ekwureekwu okpu
tragedy odachi; trajidi
train station ebe nkwusi ugbo
    igwe

train ụgbọ igwe
training uzuzu
training consultant ọnyenazu ndi mmadu
tranquilizer ogwu itu ura
transformation nnwoghari
transformer transfọma
translation ntughari
transmission mmife; nnyefe
travel njem
travel agent ebe ana azuta ihe aga obodo ozo
traveler ọnye ije
treasury ebe ana edote ego
treaty alo atukoro ọnụ
tree osisi
tree trunk ogwe osisi
triplet ukwuahiriato
troops ndi agha
trousers uweyi ukwu
truck inwa oke
true ezi oku
trunk *of tree* ogwe osisi
truth ezi okwu
try inwa oke
tune uri
turkey torotoro
turn kuyari; **turn left** ga naka ikpa; **turn right** ga naka nri
twelve iri na abuo
twenty iri abuo
twice ụgbọro abua
twins ejima
two abua; ibua
type udi
typewriter taipwrita
typewriting nkumigwe
tyre taya

U

ugly njọ
umbrella ihe eji egbo mmịrị
U.N. *see* **United Nations**
uncomfortable adigi chim-chim
underground ime ala
underwear ogodo
unexploded bomb bombo na agbawabegi
unhappy ubi ojo
uniform uweyi ndikota
unison otu onụ
United Nations Ndi Obodo

Noko Tora; Obodo Ndi Nnokotara Otu
university ụlọ akwụkwọ ukwu
unripe achaghi acha
untidy ruru inyi
until emechaa
up elu
useful bara uru
useless enweghi isi

V

valley odida ugwu; ndagwurugwu
valuable ihe di mkpo
vary igbanwe
vase ihe eji etinye ihe
vegetable shop ahia akwụkwọ nri
vegetables akwụkwọ nri
vegtarian: I am a vegetarian. Anaghi m eri anụ.
vehicle ụgbọ
vein akwara
verb ngwaa
verbosity okotookwụ
verse odinoogbara
very dii
veto oputa obie
vibration mmajijiji
victory mmeri
video video
videotape videotep
viewpoint ucheobi
village ulọ
virus virus
visa akwụkwọ inabata no obodo
visit *verb* ije fụ
visual-aid ngwa nlere (anya)
vitamin(s) vitamin
voice olu
vote ibia aka
vote-rigging ihogbu itunye akwụkwọ
voting itunye akwụkwọ
vowel udaume
vulture udele

W

waist ukwu; cheree
wake someone up iteta
wake-up call oku mkpote
walk ga; ije
wall ngwe
wall gecko nche-ụnọ

want choọ
war agha; ogu
warm oku
wasp ogba kpim; anwụ
watch *noun* elekele-aka
watchmaker's ọnye na emezi ihe eji ama oge
water bottle ihe eji etinye mmiri
water mmiri
water pot ite mmiri
waterfall odida mmiri
watermelon egusi
way ụzọ
we anyi
weak adigi ike; umengwu
wear tee ume
weather ihu ubochi
week izu uka
weep ibe akwa
well *noun* omi; wel
well *adjective* odi mma
west odida anyanwu
what's that? owo gini?
what? ọgini?
wheel okpore
when? mgbeole?
where? ebe?; **where are?** ele ha; **where is?** ele ebe/ha?
which? nkeole?
whisky mmaya oku; wiski
white ocha
who? onye?
whole n'ile
why? kedụ?; ọwumaka gini?
wide mbara
wife nwunye
win imeriri; **Who won?** inye meriri?
wind ikuku
window ụzọ oyi
windy ikuku neku taa
wine mmaya oku
wing nku
wink ịtabi anya
why? ọwumaka gini?
winter uguru
wipe vichapu
wire waya
wisdom akọ n'uche

wise uche
wish *verb* ilo
with na
woman nwanyi
womb akpa nwa
women umu nwanyi
wood *substance* nkụ; *many trees* osisi
wool wul
word mkpuruokwụ
work *noun* ọru
work *verb* iru oru
workbook akwụkwọ arumaru
worker ọnye ọru
workshop ụlọ arumaru; ụlọ ọrụ
World Bank ụlọ Ego Uwa
world uwa
worm okpo; idide
wrestling igba mgba
wrist aka
write ide
writer ode akwụkwọ
writing odide; *shorthand* ndenkenke
writing paper akwụkwọ eji ede ozi
wrong imegbu

X

x-ray 'x-ray'
xenophobia asimba
xylophone ngelenge

Y

yam ji
yard yard
year afo
yellow odo do
yes eeh; ehe
yesterday nyahụ gara aga
yet ugbua
Yoruba Ndi Yoruba
you *plural* unu
you *singular* gi
young nwatakiri

Z

zero adighi ncha; efu; enweghị
zoo ụlọ anumanu

IGBO
PHRASEBOOK

1. ETIQUETTE

Hello!	**Kédù!**
How are you?	**Kédù kà ọ́di?; Kedù kà ịmérè?**
Fine, thank you!	**Ọ dí mmá!; Ọ mákà!**
Good morning!	**Ị bọ́la chị́!**
Good afternoon!	**Ndéwó!**
Good evening!	**Ndéwó!**
Good night!	**Ká chí fó!; Ká chí bọ!**
See you tomorrow!	**Anyí gá áh7 echì!;**
	Ka ọ dí échị!
Goodbye!	**Ká ómésíá!**
Bon voyage!	**Gà nké ọmá!; Ịjé ọmó!**
Bon appetit!	**Ríé nké ọmá!**
yes	**éh**
no	**mbá**
thank you	**imélá; dálù**
good luck!	**nwé ihù ọmà!**
excuse me!	**chérétụ́!**
may I?	**énwèrè m ikè?**
sorry!	**ndò!**

---

a = p**a**t   e = p**ay**   i = f**ee**t   ị = p**e**t   o = s**o**

2. QUICK REFERENCE

I	mụ́
you *singular*	gị̀
he/she/it	yá
we *exclusive*	ányìnwà
we *inclusive*	ányì-nílé
you *plural*	únù-nílé
they	há
this	nkè à
that	nkè áhụ̀
these	ndị à
those	ndị érì
here	ébè à
there	ébè àhụ̀
where?	èbèè?
who?	ónyé?
what?	ọgịnị?
when?	mgbè ọlè?
which?	nkè ọlè?
how?	otuòlè?
why?	ọ bụ̀ màkà gịnị?
how far?	ọ tèrè anyà?
how much?	ọ bụ ego ole?
how much each?	otù ọ bụ̀ egò ole?
how many?	ọ bụ̀ ole?; ọ di ole?
what's that?	ọ bụ̀ gịnị?
is there?/are there?	ọ dị?/ha dị?
how near?	ọ tere anya?
how close	o dị nso?
where is/are . . . ?	ebee ka . . . ?
what must I do?	gịnị ka m ga eme?
what do you want?	ọ bụ̀ gịnị ka ịchọ̀rọ̀?
very	dị

ọ = m*o*re   u = s*oo*n   ụ = p*u*t   ṅ = si*ng*

and	**na**
or	**mà ọ bụ**
but	**kama**
I like/want	**Ọ masịrị m̀**
I don't like/want	**Ọ masịghị m̀**
I should like	**A gam achụ**
I don't want	**A chọghị m**
I know.	**A ma m.**
I don't know.	**A màghị m̀.**
Do you understand?	**Ị ghòtàrà?**
I understand.	**A ghọtara m̀.**
I don't understand.	**A ghọtàghị m̀.**
My condolences.	**Ọ na ewùta m.**
I am grateful.	**Afọ jụrụ m./Obi jụrụ m.**
It's important.	**Ọ dị nkpà.**
It doesn't matter.	**Ọ dịghị nkpà.**
No problem!	**Nsògbu àdịghị!**
more or less	**ma ntinye, ma ọ bụ nwepu**
here is	**lee ya** (or **lekwa ya**)
here are	**lekwa ha** (or **lee ha**)
Is everything OK?	**Ịhe nilè ọ dị m̀ma?**
Danger!	**ǹsògbù dìl; ihe nmerụ ahụ!**
How do you spell that?	**Kedụ otu esi ekwu ya?**

I am ...	
cold	**Oyi n'atụ̀ m.**
hot	**Okpom òkụ̀ na eme m̀.**
hungry	**Agụụ na agu m̀.**
thirsty	**Akpịrị kporo nkù.**
happy	**Obi na atọ m ụtọ.**
sad	**Obi adịghị m mma.**
sleepy	**Ụra n'atụ m.**
tired	**Ike agwụla m.**
well	**A dị m mma!**
worried	**Ọ na eche m uchè.**

3. INTRODUCTIONS

Note that the Igbo are multilingual (frequently speaking formal English, Pidgin English and other neighboring languages) and will use, particularly in urban areas, titles such as Mr., Mrs., Ms., Miss, Master etc. Professional titles such as Doctor are also popular, given the importance of status to the Igbos. The traditional status symbols are chieftaincies, with prominent and successful individuals taking on local titles. These titles are treated seriously, as they confer prestige and honour on the individual. Most people would want to be referred by their title, especially on formal occasions. People are frequently referred to by their professional title ('Doctor', 'Lawyer', 'Chief') rather than by name. Also, given the incredible social stratification in Igboland, if you are wealthy or in a position of power, don't be suprised to be referred to as Sir, Madam, or Master. In the rural areas older peoples names are prefixed with **Dede** (man) or **Dada** (women) out of respect.

What is your name?	**Kedù aha gị?**
My name is . . .	**Aha m bụ . . .**
(e.g. My name is Fred.	**Aha m bụ Fred.)**
May I introduce you to . . .	**Bịa ka m zi gì . . . ;**
	Bịa ka m gosi gị . . .
(e.g. May I introduce you to Fred?	**Bịa ka m zi gì Fred;**
	Bịa ka m gosi gị Fred.)
This is my . . .	**Ọnye a bụ . . . m̀**
friend	**enyị**
colleague/companion	**ọnye ụlọ ọrụ anyị/ onyè agbàtà obi**
relative (mother's side)	**nwà nne m**
relative (father's side)	**nwà nna m**

ABOUT YOURSELF

Nationality — The general term for anybody outside Africa is **obodo oyibo** or **ọnye ocha/ọnye bekèè**. Otherwise the individual name of the countries is usually enough.

Where are you from?	**Kedụ ebe isi bịa?**
I am from . . .	**Esị m . . .**
I am . . .	**Abụ m ọnye . . .** + *name of country*

ọ = m*o*re   **u** = s*oo*n   **ụ** = p*u*t   **ṅ** = si*ng*

Where were you born? **Kedụ ebe amụrụ gị?**
I was born in . . . **A mụrụ m na . . .**

NIGERIAN PEOPLES

Coastal People (Brass etc)	**Ndì Mba Mmiri**
Edo	**Ndì Edo**
Efik	**Ndì Efik**
Fulani	**Ndì Fulani**
Hausa	**Ndì Hausa**
Ibibio	**Ndì Ibibio**
Idoma	**Ndì Idoma**
Igara	**Ndì Igara**
Ijaw	**Ndì Ijaw**
Kanuri	**Ndì Kanuri**
Tiv	**Ndì Tiv**
Yoruba	**Ndì Yoruba**

OCCUPATIONS

What do you do?	**Olụ aka gị bụ gini?**
I am a/an . . .	**Abụ m . . .**
academic	**ọnye nà akùzi nkùzi**
accountant	**ọnye ndolè ego**
administrator	**ọde akwụkwọ na edozi obodo**
agronomist	**ọnye n'akọ ubi**
aid worker	**ọnye ntinye akà**
architect	**ọnye nà esè ulọ**
artist	**ọnye nà esè ihè**
business person	**ọnye nà ejì egò achọ egò**
carpenter	**ọnye n'akpịcha osisi; opịcha osisi**
consultant	**ọnye nà ezi uzọ; ọmacha n'ezi ụzọ̀ ihe**
dentist	**ọnye nà apkà eze; dọkịta eze**
judge	**ọnye ọka ikpe; ọka iwu**
diplomat	**ọnye n'ekwuru obodo ọzọ**
doctor	**ọnye nà agwo oria; dibia bekee; dọkịta oyibo**

a = pat   e = pay   i = feet   ị = pet   o = so

economist	ọnye nà edozi ego
engineer	ọnye nà ewu ihe; aka mere ịgwe
farmer	ọnye nà aku ubi
film-maker	ọnye nà eme 'cinema'
journalist	ọnye nta akuko
lawyer	ọnye ikpè; onye nà èkpè ikpè
manual worker	ọnye ọrụ àkà
mechanic	ọnye n'arụzị ụgbọ ala
negotiator	ọnye mkpezi
nurse	ọnye uweyi ọchà
observer	ọnye nà èle ànyà
officer worker	ọnye nà aru ọru bekèè
pilot	ọnye n'akwọ ụgbọ elù
political scientist	ọnye ndọrọ ndọrọ
scientist	omumu ihe
secretary (clerk)	ọnye ode akwụkwọ
soldier	ọnye soja
student	nwà akwụkwọ
surgeon	ọnye nà awà ahù; onye dọkịta n'awa ahụ mmadụ
teacher	ọnye nà akuzi nkuzi
telecommunications specialist	ozi ụzọ 'wire' ọnye oputa obiè; onye ọmachà àmàchà
tourist	ọnye ijè
training consultant	ọnye nazụ̀ ndì mmadụ̀; onye n'azụ̀ ndi mmadụ̀
writer	ode akwụkwọ; ọ de akwụkwọ

AGE

How old are you?	Afọ ole ka ị dị?
I am . . . years old.	Adị m afọ . . .

FAMILY

Are you married?	male	I lụọlà nwanyị̀?
	female	I lụọlà di?

ọ = more   u = soon   ụ = put   ṅ = sing

I am single.	*male*	**Alụbeghị m nwanyị.**
	female	**Alụbeghị m di.**
I am married.	*male*	**Aluọla m nwanyị.**
	female	**Aluọla m di.**
I am divorced.	*male*	**Nwanyi m ahapụla m.**
	female	**Di m ahàpụla m.**
I am widowed.	*male*	**Nwanyi m anwụọla.**
	female	**Di m anwụọla.**

Do you have a boyfriend?	**Ị nwere enyi nwoke?**
Do you have a girlfriend?	**Ị nwere enyì nwanyì?**
What is his/her name?	**Gịnị bụ aha ya?**
How many children do you have?	**Ị nwere ụmụ olè?; Ụmụ ole ka ị mụrụ?**
I don't have any children.	**Enweghị m ụmụ akà.**
I have a daughter.	**Enwere m ada.; Enwere m otu nwanyi.**
I have a son.	**Enwere m ọkpara.; Enwere m otu nwoke.**
How many sisters do you have?	**Ị nwere umunne nwanyị olè?**
How many brothers do you have?	**Ị nwere umunne nwoke olè?**

father	**nna**
mother	**nne**
grandfather (father's side)	**nnannà**
grandfather (mother's side)	**nnanne**
grandmother (father's side)	**nnenne**
grandmother (mother's side)	**nnennà**

brother	**nwanne m nwokè** (literally: 'my mother's son') **nwannà m nwokè** (literally: 'my father's son' i.e half-brother)
sister	**nwanne m nwanyị**

a = p**a**t   **e** = p**ay**   **i** = f**ee**t   **ị** = p**e**t   **o** = s**o**

children	**ụmụaka**
daughter	**àdà**
son	**ọkpàrà**
twins	**ụmụ ejimà**
husband	**di; nnà ukwụ**
wife	**nwunyè; oli àkụ**
family	**ezi n'ụlọ**
man	**nwokè**
woman	**nwanyị**
boy	**nwa nwokè**
girl	**nwa nwanyị**
person	**mmadụ**
people	**ndi mmadụ**
non person/spirit	**mmuọ**

Religion

See also the note on religious heritage on page 136.

What is your religion?	**Kedụ ụkà ị n'aga?**
I am (a) . . .	**Abụ m ọnye ụka . . .**
Catholic	**Fada**
Christian	**Kristu**
Muslim	**Muhamed; Ụka Alakùba**
Jewish	**omume ndi Jew**
Hindu	**Hindu**
Buddhist	**n'efe Buda**
Christianity	**ofufe Krist**
Islam	**ofufe Mohamed/Alakùba**
Judaism	**ofufe Juda**
Hinduism	**ofufe Hindu**
Buddhism	**ofufe Budha**
I am not religious.	**Ọ nweghị ọnye m n'efe.**

4. LANGUAGE

Many Igbos in urban areas will speak or understand a form of English — whether formal or Pidgin (English is spoken with varying degrees of fluency by 50 percent of Nigerians). They will also speak many of the neighboring languages such as Efik as the Igbo have been great long-distance traders. However, beyond Igbo — the best fall-back position would be Pidgin English — which is an independent language and has its own grammar and vocabulary.

Do you speak Igbo?	**Ị na asụ Igbo?**
Do you speak English?	**Ị na asụ Oyibo?**
Do you speak French?	**Ị na asụ French?**
Do you speak German?	**Ị na asụ German?**
Do you speak Portuguese?	**Ị na asụ Portuguese?**
Do you speak Yoruba?	**Ị na asụ Yoruba?**
Do you speak Hausa?	**Ị na asụ Hausa?**

Does anyone speak English?	**Ọ nwere ọnye n'asu Oyibo?**
I speak a little . . .	**Ana m asu ntakịrị . . .**
I don't speak . . .	**Anaghị m asu . . .**
I understand.	**Aghọtara m.**
I don't understand.	**Aghọtaghị m.**

Please point to the word in the book.	**Biko tụọra m aka na okwu di na akwụkwọ a.**
Please wait while I look up the word.	**Biko chere ka m lee anya n'okwu di na akwụkwọ a.**

Could you speak more slowly, please?	**Biko jiri nwaayọ n'ekwụ okwu?**
Could you repeat that?	**Kwugharịa ihe i kwuru ọzọ?**
How do you say . . . in Igbo?	**Kedụ ka esi ekwu . . . ya na Igbo?**

What does . . . mean?   **Kedụ ihe . . . ọ pụtara?**
How do you   **Kedụ otu esi asụ okwu ndia?**
pronounce this word?

I speak . . .   **Ana m asu . . .**
    Danish   **Danish**
    Dutch   **Holland**
    English   **Bakee**
    French   **France**
    German   **Germany**
    Greek   **Greece**
    Hausa   **Hausa**
    Italian   **Italy**
    Japanese   **Japan**
    Portuguese   **Portugal**
    Yoruba   **Yoruba**

5. BUREAUCRACY

Note that the details below are purely for reference purposes, since any form you encounter will be written in English. Many of the Igbo phrases given below are basically in question form, e.g. **aha gi** means 'your name (is . . .)?'

FILLING IN FORMS

name	**aha gi**
address	**kedụ ebe ibì**
date of birth	**kedụ mgbe amụrụ gi**
place of birth	**kedụ ebe amụrụ gi**
nationality	**ị bụ ọnye ebe ole**
age	**ị dị afọ ole**
sex: *male /female*	**nwọke màbù nwanyị**
religion	**gini ka ị n'efe**
reason for travel:	**maka gini ka ị ji aga njem:**
business	**iji egò achọ egò**
tourism	**ihe gbasara ndi ije**
work	**ịrụ ọrụ**
personal	**ihe gbasara m**
profession	**ọrụ aka**
marital status	**ọnọdụ di na nwunyè**
single: *male*	**òkpòkòro nwoke**
single: *female*	**òkpòkòro nwanyị**
married: *male*	**nwoke lụrụ nwanyị**
married: *female*	**nwanyị lụrụ di**
divorced: *male*	**nwoke ya na nwunye ya gbasara**
divorced: *female*	**nwanyị ya na di ya gbasara**
date	**ụbọchị ole**
date of arrival	**ụbọchị ọbịbịa**
date of departure	**ụbọchị nhapụ**
passport	**akwụkwọ eji eje ije**
passport number	**agụgụ ọgụ dị na akwụkwọ eji eje ije (njem)**
visa	**akwụkwọ iji bata obodo ọzọ**
currency	**ego ndi nwe ala**

a = p**a**t   **e** = p**ay**   **i** = f**ee**t   **ị** = p**e**t   **o** = s**o**

MINISTRIES

Ministries and other government departments and official organisations are referred to by their names or acronyms in English — since English is the main language of bureaucracy.

Ministry of . . .	**Ụlọ ndi nwe-ala n'ahụ maka . . .**
Defense	**Ịche Obodo**
Agriculture	**Ọrụ Ubi**
Home Affairs	**Obodo Ha**
Foreign Affairs	**Obodo Ndi Ọzọ**
Transport	**Njem**
Health	**Ahụ-Ịke**
Education	**Ọmụmụ Akwụkwọ**
Justice	**Ikpe-Ikpe**

USEFUL PHRASES

Is this the correct form?	**Nkea abụ ezi akwụkwọ?**
What does this mean?	**Gịnị ka nkea putara?**
Where is . . . 's office?	**Kedụ ebe ọ n'arụ ọrụ?**
Which floor is it on?	**Kedụ ebe ọ di?**
Does the lift work?	**Ihea na ebuli mmadu elu , ọ na arụ ọrụ?**
Is Mr./Ms. . . . in?	**Mazi/Oriaku . . . ọnọ ya?**
Please tell him/her that I am here.	**Biko gwara m ya na anọ m ebea.**
I can't wait, I have an appointment.	**Ogaghị m echeli, enwere m ebe ọzọ m n'aga.**
Tell him/her that I was here.	**Gwa ya n'abiara m ebea.**

6. TRAVEL

Public transport is rare, crowded, dirty and poorly maintained. Most people, including local people, travel by privately run minibuses (**kiki** or **buz**) or taxis which can be picked up at special 'motorparks' in each town. These travel between towns and cities, within and beyond Igboland, are relatively cheap, though they can sometimes be crowded. Taxi drivers pick up fares heading to a particular drop-off point. If you want the taxi to yourself, you will have to specially 'charter' it — which at the very least means covering the fares of the four other people who would have been squeezed in alongside you for that particular journey, plus an extra charge for your own comfort. You can also 'charter' by the hour or day. You pay the taxi when you arrive at your destination.

The rail network is not really extensive. The main lines are between Nigeria's commercial capital Lagos and Enugu, the old colonial capital of Igboland, which used to have a thriving coal industry. The railway lines were to get the coal to the coast, although they now transport passengers as well as goods. Some other lines connect Enugu to the north of Nigeria. But passenger lines between the main Igbo towns were not really developed. And where they do exist, they are slow and unreliable (taking days rather than hours to complete journeys). Very few people travel by rail.

Most people travel by road, or fly, especially if they are going to other parts of Nigeria. There are airports at Enugu, Owerri and Port Harcourt, mainly to service flights from other parts of Nigeria. Public announcements in Igboland are made in English and Pidgin English. There really isn't a rental market for bicycles.

ENQUIRIES

What time does the ... leave/arrive?	**Kedù mgbe . . . ji hapụ/ abia?**
the airplane	**ụgbọ elu**
the boat	**ụgbọ mmiri**
the bus	**ụgbọ ala**
the train	**ụgbọ igwe**
the minibus	**kiki; buz**
The plane is delayed.	**Ụgbọ elu agaghi abia n'ọge.**

The plane is cancelled.	**Akagbụọla ọbibia ụgbọ elu.**
How long will it be delayed?	**Rue ole oge (mgbe) ke-aga ele anya?**
There is a delay of . . . hours.	**Ọ ga eruchakwa awa . . .**
There is a delay of two or three hours.	**Ọ ga eruchakwa awa abụọ ma ọbụ atọ.**

BUYING TICKETS

Excuse me, where is the ticket office?	**Biko kedù ebe ụlọ anazuta akwụkwọ njem dị?**
Where can I buy a ticket?	**Biko kedù ebe m ga azu akwụkwọ njem?**
I want to go to . . .	**Achọrọ m iga . . .**
I want a ticket to	**Achọrọ m akwụkwọ mjem iji**
I would like . . .	**Achọrọ m . . .**
a one-way ticket	**akwụkwọ mjen nkè otu ụzọ**
a return ticket	**akwụkwọ mjem nkè ojijie n'lọtọ**
first class	**nkè ndi nwere agbo**
second class	**nkè n'eso ndi nwere agbo**
business class	**nkè ndi ojì egòachò egò**
Can I pay in cash?	**Enwere m ike iji egò kwụọ ụgwọ?**
Can I pay by cheque?	**Enwere m ike iji egò akwụkwọ ụlọ akụ kwụọ ụgwọ?**
You must pay in cash.	**Ị ga ejiriri egò kwụọ ụgwọ.**
You must pay by cheque.	**Ị ga ejiriri egò akwụkwọ ụlọ akụ kwụọ ụgwọ.**
You can pay in any way.	**Ị nwere ike ịkwụ otụ ọbụla.**
Can I reserve a place?	**Enwere m ike inweta ọnọdụ?**
How long does the trip take?	**Ọ bụ awà ole kàa njem ga ewè?**
Is it a direct route?	**Ọ n'aga otu ụzọ?**

ọ = m**o**re   u = s**oo**n   ụ = p**u**t   ṅ = si**ng**

AIR

You can smoke on flights after take-off and before landing.

Is there a flight to . . . ?	**Enwere ụgbọ elu n'aga . . . ?**
When is the next flight to . . . ?	**Kedù mgbe ụgbọ elu ụzọ ga abia?**
How long is the flight?	**Ọ na ewe awa ole n'ife na elu?**
What is the flight number?	**Kedu ọnụ ọgụgụ enyere ụgbọ elụ a?**
You must check in at . . .	**Ị ga eme nkwado eji aba ụgbọ elụ na . . .**
Is the flight delayed?	**Ọ bụ na ụgbọ elu agaghi abia ngwa?**
How many hours is the flight delayed?	**Ọ ga ewe awa ole tupu ụgbọ elu abia?**
Is this the flight for . . . ?	**Ụgbọ elua ọ bụ nke . . . ?**
Is that the flight from . . . ?	**Nkaa ọ bụ ụgbọ elu si . . . ?**
When is the Lagos flight arriving?	**Kedù mgbe ụgbọ elu si Lagòs na-abia?**
Is it on time?	**Orutara na-oge?**
Is it late?	**Ọ bụ na obiaghị n'oge?**
Do I have to change planes?	**Enwere m ike igbanwe ụgbọ elu?**
Has the plane left Lagos yet?	**Ụgbọ elu ọhapùla Lagòs?**
What time does the plane take off?	**Ohee mgbe ụgbọ elu ga-ahapụ?**
What time do we arrive in Lagos?	**Kedù mgbe anyị ga eru Lagòs?**
excess baggage	**ibu karịrị akarị**

| international flight | ụgbọ elu n'aga obodo ọzọ |
| internal flight | ụgbọ elu na-efe n'ime obodo nke ya |

BUS

bus stop	ebe ụgbọ ala n'akwụsị
Where is the bus stop/station?	Kedụ ebe ụgbọ ala ukwu n'akwụsị?
Take me to the bus station.	Kporo m je ebe ụgbọ ala ukwu n'akwụsị?
Which bus goes to . . . ?	Kedụ ụgbọ ala n'eje . . . ?
Does this bus go to . . . ?	Ụgbọ ala a ana eje ebe ole . . . ?
How often do buses pass by?	Ugboro ole ka ụgbọ ala n'agefe ebea?

What time is the . . . bus?	Kedụ oge ụgbọ ala . . . na abia?
next	ọzọ
first	nke mbu
last	nke ikpotemazu
Will you let me know when we get to . . . ?	Biko ị ga agwa m mgbe anyị ruru . . . ?

| Stop, I want to get off! | Kwusị, ka m pụta! |

| Where can I get a bus to . . . ? | Kedụ ebe m ga-enweta ụgbọ ala ukwu na ga . . . ? |
| When is the first bus to . . . ? | Kedụ mgbe ụgbọ ala ukwu nke mbu enuta, n'aga . . . ? |

| When is the last bus to . . . ? | Kedụ mgbe nke ikpetemazu n'aga . . . ? |

When is the next bus to . . . ?	Kedụ mgbe ụgbọ ala ozo ga n'aga . . . ?
Do I have to change buses?	Aga m agbanwe ụgbọ ala?
I want to get off at . . .	Achoro m ịpụta na . . .

ọ = more   u = soon   ụ = put   ṅ = sing

Please let me off at the next stop.	**Biko kwe ka m pụta na nkwụsị nke ọzọ.**
Please let me off here.	**Biko kwusi m ebea.**
How long is the journey?	**Ijea oga ewe awa ole?**
What is the fare?	**Egò ole ka anakwu?**
I need my luggage, please.	**Achoro m ibum, biko.**
That's my bag.	**Lekwa akpà m.**

TRAIN

Passengers must . . .	**Ndi ije aghaghị . . .**
change trains.	**agbanwe ụgbọ igwe ala**
change platforms.	**agbanwe ebe ana awụdata na ụgbọ igwe ala**
Is this the right platform for . . . ?	**Nkea ọbụ ebe ana awụda na iga . . . ?**
The train leaves from platform . . .	**Ụgbọ igwe ala na esi ebea . . .**
Is there a timetable?	**Onwere akwụkwọ eji ama oge ụgbọ igwe ala ji abia?**
Take me to the railway station.	**Kporo m ga ebe ụgbọ igwe ala n'adi.**
Which platform should I go to?	**Kedù ebe m ga, guzoro ụgbọ?**
platform one/two	**nke mbu/nke abuo**
You must change trains at . . .	**Iga agbanwe ụgbọ igwe ala na . . .**
Where can I buy tickets?	**Kedù ebem gazu akwukuo ike eji aba ụgbọ?**
Will the train leave on time?	**Ụgbọ okporo igwe ọ ga ahapụ na oge?**
There will be a delay of . . . minutes.	**Ogagi abia rue . . . nkeji.**

There will be a delay of . . . hours.	**Oga ewe . . . awa abia.**

TAXI

Most taxis are marked. Avoid waving down and negotiating fares with private cars, people generally only take who they know because of the problem of armed robbery. Agree fares in advance. The driver will start high and you need to haggle as there is no set price but what the driver thinks he can get away with given the time of day, how busy he is and whether he believes he can make more money elsewhere. Most drivers will speak Pidgin English, though they will only take you to your precise address if you 'charter' the taxi especially. Otherwise you will be dropped at the main 'motorpark' for your area, and you would then have to walk.

Taxi!	**Takzi!**
Where can I get a taxi?	**Kedụ ebe m ga enweta takzi?**
Please could you get me a taxi.	**Biko chotora m takzi.**
Can you take me to . . . ?	**Nwere ike ị kpọrọ m ga ebe . . . ?**
Please take me to . . .	**Biko kporo m ga . . .**
How much will it cost it to . . . ?	**Egò ole ka ọ ga ad iji ga . . . ?**
To this address, please.	**Kporo m ga na . . . biko.**
Turn left.	**Ga n'aka ekpe.**
Turn right.	**Ga n'aka nrị.**
Go straight ahead.	**Gawa n'ihu.**
Stop!	**Kwusị!**
Don't stop!	**Akwusila!**
I'm in a hurry.	**Ọ dị m ọsịsọ.**
Please drive more slowly!	**Biko, nwere nwayọ n'anyà ụgbọ àlà!**
Here is fine, thank you.	**Ebeà dị mmà, imeelà.**
The next corner, please.	**Na nkọ nkọ nke ọzọ, biko.**
The next street to the left.	**Na opkoro ụzọ nke ọzọ n'aka ekpe.**

ọ = more   u = soon   ụ = put   ṅ = sing

The next street to the right.	**Na opkoro ụzọ nke ọzọ n'aka nrị.**
Stop here!	**Kwụsị ngaa!**
Stop the car, I want to get out.	**Kwụsị ụgbọ ala, achoro m ipụta.**
Please wait here.	**Chere ebea.**
Take me to the airport.	**Kporo m ga ebe ụgbọ elu n'ada.**

GENERAL PHRASES

I want to get off at . . .	**Achoro m ipụta na . . .**
Excuse me!	**Biko!**
Excuse me, may I get by?	**Biko, chere ka m gafere!**
These are my bags.	**Ndea bu akpa m.**
Please put them there.	**Biko, dowe hà ebe ahù.**
Is this seat free?	**Ọ di ọnye nọ n'ochea?;** **Ọ nwere ọnye nọ n'ochea?**
I think that's my seat.	**Eche m na nkea bụ oche m.**

EXTRA WORDS

ambulance	**ambulans**
bicycle	**ịgwe; igwe okporo ụzọ**
boat	**ụgbọ mmịrị**
car	**ụgbọ alà**
4-wheel drive	**ụgbọ nwere ụkwụ anọ**
helicopter	**ụgbọ elu ntakiri; helikọpụtà**
motorbike	**ụgbọ tum-tum**
trolley bus	**ụgbọ eji ebu ibu**
airport	**ebe ụgbọ elù n'ada**
airport tax	**iwù ana-eri ndi njèm ụgbọ elu**
arrivals	**ụlọ nzute ndi ije**
baggage counter	**tebùlù ebe ana anabata ibụ ndi ije**
boarding pass	**akwụkwọ eji aba ụgbọ elu**
bus stop	**ebe ụgbọ àlà ukwù n'akwụsị**
cancellation	**kagbùo**
check-in counter	**tebùlù ebe esi anabata ndi ije maka njem**

a = pat   e = pay   i = feet   ị = pet   o = so

check-in	**nwàdo ọbụba ụgbọ elu**
closed	**emechiela**
customs	**ndi na-eche ahia iwu**
delay	**ntufu oge**
departures	**ụlọ ọnọdụ ndi na-aga ije**
dining car	**ebè ana eri ihe**
emergency exit	**ụzọ ọpụpụ (mberede)**
entrance	**ụzọ ọbụba**
exit	**ụzọ ọpụpụ**
express	**ọsịsọ**
ferry	**ụgbọ mmịrị ntakiri**
information	**ebe ana-nweta ozi na enyem aka**
ladies/gents	**ụmụ-nwaànyị/ụmụ-nwokè**
no entry	**ụzọ adịghị**
no smoking	**anaghị añụ anwụrụ ọkụ**
open	**mèpe**
path	**ụzọ**
platform number	**unọ ọgụgụ nwụdata**
railway	**okporo ụgbọ igwe**
reserved	**ebe edotara**
road	**ụzọ**
sign	**ihe eji ezi ụzọ**
sleeping car	**ebe ana ehi ụra n'ụgbọ okporo igwe**
station	**ebe ụgbọ na-akwụsị**
telephone	**ihe eji ekwu okwu n'ịkuku**
ticket office	**ebe ana ewere akwụkwọ ike eji eje ije**
timetable	**ogè ejì agà**
town center	**ime obodo**
train station	**ebe nkwụsị ụgbọ igwe**

7. ACCOMMODATION

Major hotels are broadly the same here as elsewhere. In guest houses and smaller hotels, you will need to pay in advance. Again expect to haggle over prices.

I am looking for a . . .	**Ana m achọ . . .**
guesthouse	**ebe ọnụnọ ọnye ije**
hotel	**ebe izu ike ọnye ije**
hostel	**ebe izu ike ọnye obibia**
Is there anywhere I can stay for the night?	**Onwere ebe m ga-anọ n'abalị ta?**
Is there anywhere we can stay for the night?	**Onwere ebe anyị ga-anọ n'abali ta?**

Where is . . . ›	**Olee ebe . . . ?**
a cheap hotel	**ụlọ izu ike ọnye ije dị ọnụ ala**
a good hotel	**ezigbo ụlọ izu ike ọnye ije**
a nearby hotel	**ụlọ izu ike ọnye ije di nso**
a clean hotel	**ụlọ izuike ọnye ije di ocha**
What is the address?	**Kedụ ebe ọ dì?**
Could you write the address please?	**Detarụ m aha ebe ọbị?**

AT THE HOTEL

Do you have any rooms free?	**Ohere ọ di ebea?; Nwere ohere ebea?**

I would like . . .	**Achọrọ m mkpuru . . .**
a single room	**otu ọnye**
a double room	**madụ abụọ**
We'd like a room.	**Anyị chọrọ otu mkpuru.**
We'd like two rooms.	**Anyị chọrọ mkpuru abụọ.**

I want a room with . . .	**Achọrọ m mkpuru ụlọ nwere . . .**
a bathroom	**ụlọ ịsa ahu**

a = pat   e = pay   i = feet   ị = pet   o = so

a shower	**shawà**
a television	**televishọn**
a window	**ụzọ oyi**
a double bed	**àkwà madu abụọ**
a balcony	**mgbe**
I want a room that's quiet.	**Achọrọ m imè ụlọ dị jụụ.**

How long will you be staying?	**Ị ga-anọrù mgbe ole?**
How many nights?	**Abali ole ka ị ga anọ?**
I'm going to stay for . . .	**Aga m anọ . . .**
one day	**otù ụbọchị**
two days	**ụbọchị abụọ**
one week	**otu izù ụka**
Do you have any I.D.?	**Ị nwere ihe eji amata gị?**
Sorry, we're full.	**Ndo! Anyị ejula.**
I have a reservation.	**Onwere ebe edotara m.**
My name is . . .	**Aha m bù . . .**
May I speak to the manager please?	**Biko achọrọ m ikwuru ọnye isi okwu?**
I have to meet someone here.	**Onwere ọnye m n'achọ izuta ebea.**
How much is it per night/ per person?	**Ọ bụ egò ole ka ofu ọnye n'akwu kwa abali?**

How much is it per week?	**Egò ole ka ana-akwu n'izùka?**
It's . . . per day/per person.	**Ọ bù . . . otù ọnye kwa ụbọchị.**
Can I see it?	**Enwere m ike ịhụ ya?**
Are there any others?	**Ọ nwere ndi ọzọ?**
Is there . . . ?	**Ọ nwere . . . ?**
air conditioning	**ntụ oyi**
laundry service	**ebe isa akwà**
room service	**nlekota ọbia**
a telephone	**ihe eji ekwu na ikuku; telefon**
hot water	**mmịrị ọkụ**

ACCOMMODATION

No, I don't like it.	**Mba, achọghi m ya.**
It's too . . .	**Ọ dị . . .**
cold	**oyì**
hot	**oku**
big	**ukwù**
dark	**itini**
small	**ntakịrị**
noisy	**ụzụ**
dirty	**orùrù inyì**
It's fine, I'll take it.	**Ọ dị mma, aga m ewe ya.**
Where is the bathroom?	**Olee ebe ana-asa ahụ?**
Is there hot water all day?	**Enwere mmịrị okù kwa ubochi?**
Do you have a safe?	**Ị nwere ebe ana edọta ihe?**
Is there anywhere to wash clothes?	**Ọ nwere ebe ana asa akwa?**
Can I use the telephone?	**E nwere m ike ịkpọ telefon?**

NEEDS

I need . . .	**Achọrọ m . . .**
candles	**kandụlụ (uri ọkụ)**
toilet paper	**akwụkwọ eji ehicha ike**
soap	**ncha**
clean sheets	**akwà dị òcha**
an extra blanket	**akwà nchù oyì ọ̀zọ̀**
drinking water	**mmịrị ọṅụṅụ**
a light bulb	**uri ọkụ bekee**

Please wake me up at . . . o'clock.	**Biko kpote m na elekere . . .**
Please change the sheets.	**Biko gbanwee akwà ana-atọ n'elu àkwà.**
I can't open/close the window.	**E nweghi m ike imepe/ma ọbụ imechi ụzọ ikuku.**
I have lost my key.	**Etufuola m otugwa m.**
Can I have the key to my room?	**Ị nwere ike ịnyem otugwa ebem nnọ?**

The toilet won't flush.	**Mposi ekweghi nsachapụ**
I am leaving now.	**Ahapụwala m̀ ugbua**
We are leaving now.	**Anyị ahapụwalà ugbùa.**

I would like to pay the bill.	**Achọrọ m̀ ịkwụ ụgwọ.**
wake-up call	**okụ mkpòte**
I would like to be woken up at . . . (o'clock).	**Achọrọ m ka-akpotee m̀ ma okụọ . . .**

The water has been cut cut off.	**Akwụsịlà mmịrị ọgbùgba.; Akwụsịlà pọmpụ.**
The electricity has been cut off.	**Agbanyụọla okụ.**
The gas has been cut off.	**Akwụsịlà ihe na enwu oku.**
The heater doesn't work.	**Ihe ekpom ọkụ eji achụ oyi emebielà.**
The air conditioning doesn't work.	**Ntù oyi emebielà.**
The phone doesn't work.	**Ihe eji ekwu okwu na ikuku emebielà.**
I can't flush the toilet.	**Enwèghi m̀ ike ịsacha mposi.**
The toilet is blocked.	**Mbosi agbọchielà.**
I can't switch off the tap.	**Enwèghi m̀ ike ịkwụsị mmịrị ọgbùgba.**

EXTRA WORDS

bathroom	**ụlọ ihu mmịrị**
bed	**àkwà**
bill	**akwụkwọ ikike akwụ ụgwọ**
blanket	**akwà eji achù oyì**
candle	**uri ọkụ; kandụlụ**
chair	**oche**
clean	**òcha**
cold water	**mmịrị oyì**
cupboard	**ebe ana-edọta efere na iko**
dark	**ochichii**

ọ = m*o*re   **u** = s*oo*n   **ụ** = p*u*t   **ṅ** = si*ng*

dirty	**iru ịnyị**
doorlock	**mgbachi uzo**
double bed	**akwà abụa etikọtara ọnụ**
electricity	**ọkụ bekee**
excluded	**wepurù**
fridge	**fịrij**
hot/cold	**ọkụ/ọyị**
hot water	**mmịrị ọkụ**
included	**tukwasịrị**
key	**otugwa**
laundry	**ebe anà-asa akwà**
mattress	**ibila**
meals	**erimerì**
mirror	**ènyò**
mosquito net	**akwà n'eche anwụ̀ntà**
mosquito coil	**ihe n'egbu anwụ̀ntà**
name	**ahà**
noisy	**ụ̀zụ̀**
padlock	**mkpachi**
pillow	**mpalisi**
plug	**plọg**
quiet	**juụ̀**
room	**mkpuru; ịme ụlọ̀**
room number	**ọnụ ọgụgụ mkpuru**
shampoo	**m̀manụ eji asa isi**
sheet	**akwà àkwà**
shower	**shawa**
suitcase	**akpàti ụ̀we**
surname	**aha nna gị**
table	**tebùlù**
towel	**akwà ejì echicha ahù**
water	**mmịrị**
window	**ụzọ oyi**

8. FOOD AND DRINK

MEALS

breakfast	**nri ụtụtụ**
lunch	**nri ehihiè**
snack	**ihe eji emeghàrị ọnụ**
dinner, supper	**nri abali**
dessert	**nri eji emeghàrị ọnụ**
I'm hungry.	**Agụụ n'àgụ m̀.**
I'm thirsty.	**Akpịrị kpọrọ m nkụ.**

EATING OUT

Do you know a good restaurant?	**Ị ma ebe enwerè ezigbo ụlọ-nri?**
I would like a table, please.	**Achọrọ m ka ị dowere m ọtu tebùlù, biko.**
Can I see the menu please?	**Biko, zim nri unu nà-esigasị ebeà?**
I'm still looking at the menu.	**Akanà m̀ elele erimèri ùnù.**
I would like to order now.	**Achọrọ m ịgwa gị ihe m chọrọ ugbua.**
What's this?	**Gịnị bụ nke a?**
Is it spicy?	**Osè ọ dị ya?**
Does it have meat in it?	**Ọ nwere anù n'ime ya?**
Does it have alcohol in it?	**Ọ nwere mmanya n'egbu egbu n'ime ya?**
Do you have . . . ?	**Ị nwere . . . ?**
We don't have . . .	**Anyị enweghi . . .**
What would you recommend?	**Gina ka iga agwam kam were?**
Do you want . . . ?	**Ị chọrọ . . . ?**
Can I order some more . . . ?	**Enwere m ike ịgwa gị ihe ozo m chọrọ . . . ?**

That's all, thank you.	**Ọgwụchaàlà, imeèla.**
That's enough, thanks.	**Ozugo, imeèla.**
I haven't finished yet.	**Emechabeghi m**
I have finished eating.	**Erichaàla m̀ ǹri.**
I am full up!	**Afoọ ejula m!**
Where are the toilets?	**Kedù ebe mbosi dị?**
I am a vegetarian.	**Anàghị m erị anù.**
I don't eat meat.	**Anàghị m eri anù.**
I don't eat pork.	**Anàghị m eri anù ezì.**
I don't eat chicken or fish.	**Anàghị m ata ọkụkò mà ọbù azù.**
I don't drink alcohol.	**Anàghị m m̀manya nègbù egbù.**
I don't smoke.	**Anàghị m anwuru oku.**

NEEDS

I would like . . .	**Achọrọ m . . .**
an ashtray	**efere ntù anwùrù ọkù**
the bill	**akwụkwọ ikike eji akwụ ùgwọ**
a glass of water	**otù iko mmịrị**
a bottle of water	**otù karama mmịrị**
a bottle of beer	**otù karama mmanya**
a bottle of beer	**otù karama mmayi n'egbù egbù**
another bottle	**karama ọzọ**
a bottle-opener	**ihe eji emepe karama**
a corkscrew	**ihe eji akpọghe karama**
a cup	**iko**
dessert	**ihe eji emeghari ọnụ**
a drink	**ihe ana anù anù**
a fork	**ngaji odudu**
another chair	**ọche ọzọ**
another plate	**efere ọzọ**

a = p**a**t   e = p**ay**   i = f**ee**t   ị = p**e**t   o = s**o**

another glass	**ihe nkuwa ọzọ**
another cup	**iko ọzọ**
a napkin	**akwà eji ehicha aka**
a glass	**ihe nkuwa**
a knife	**mma**
a plate	**efere**
a spoon	**ngaji**
table	**tebùlù**
teaspoon	**ngaji ntàkịrị**
toothpick	**mkpịsị eji aghụ eze**

fresh	**dị ohuru**
spicy	**dị ụfụ**
stale	**o meela ochie**
sour	**ọgbara ụka**
sweet	**ọ dị ụtọ**
hot	**ọ dị oku**
cold	**ọ dị oyi**
salty	**nnu bọrọ ya**
tasteless	**ọ dighi ụtọ**
bad	**ọ dị njo**
tasty	**ọ dị mma**

too much	**ọ karịrị akarị**
too little	**ọ dị ntakiri**
not enough	**ozubeghi**

FOOD

bread	**achịcha**
capsicum	**ose**
cheese	**chiz**
chewing gum	**gam**
egg	**akwà**
flour	**fụlawa**
french fries	**eghere eghe ji**
honey	**mmanụ aṅụ**

ọ = more   u = soon   ụ = put   ṅ = sing

ice cream	aisi-kirim
ketchup	tomato akwọrọ akwọ
mustard	ihe eji edozi nri di oku
nut	aki
oil	mmanụ
pasta	pasta
pepper	ose
rice	urosi; eresi; osikapa
salad	akwụkwọ nri ndu
salt	nnu
sandwich	sanwich; nri achịcha
soup	ofe
sugar	shuga; ọtọ bịrị-bịrị
candy	ihe nracha ọtọ bịrị-bịrị

VEGETABLES

beans	akidi
cassava	gari; ji apu
coconut	aki bekee
coco yam	ede
okra	okra
plantain	ọgede ojoko
potato	potato
pumpkin	ụgụ
rice	urosi
sweet potato	ndùkụ
tomato	tomato
vegetables	akwụkwọ nri
yam	ji

FRUIT

banana	ọgede
coconut	aki bekee
grapefruit	oroma ilu
guava	gova
kolanut	oji

a = pat   e = pay   i = feet   ị = pet   o = so

lemon	**oroma ngbakasi onu**
mango	**mangoro**
melon	**egusi**
orange	**oroma (nkìrisi)**
paw paw	**popo**
pineapple	**pineapple**
watermelon	**ugu**

MEAT

beef	**anu nama**
chicken	**anu okuko**
fish	**azù**
lamb	**anu atùrù**
meat	**anu**
pork	**anu ezì**
goat	**anu ewo**

DRINK

Remember to ask for modern soft drinks by brand name.

alcohol	**mmanya na aba nanya**
bottle	**karama**
brandy	**mmanya oku**
can	**iko**
coffee	**kofi**
coffee with milk	**kofi na miliki**
fruit juice	**oroma onunu**
ice	**ihe oyi**
milk	**mmiri ara ehi; miliki**
tea	**tii**
tea with lemon	**tii na oroma nkìrisi**
tea with milk	**tii na miliki**
no sugar, please	**Biko, etinyela shuga.**
vodka	**mmanya oku/vodka**
whisky	**mmanya oku/whisky**
wine	**mmanya oku**

o = m**o**re   **u** = s**oo**n   **u** = p**u**t   **n** = si**ng**

MORE ON FOOD AND DRINK

Offering food and hospitality to strangers is an important part of Igbo culture. An Igbo proverb says you offer food to strangers because you realise that one day, you might be the stranger. So expect to be offered food and drinks, even by very poor people, who will be equally offended and insulted if you refuse. The staple food is '**gari & ofe**' — which is processed and fried cassava, which is then mixed with water to form a solid but soft mass. It is then dipped in **ofe** (or a vegetable, fish and meat stew) and swallowed or chewed. Pounded yam is also sometimes used instead of **gari**. Yam (**ji**) is also used in various ways — particularly boiled or roasted with palm oil and stew. Jollof rice (**jollof urosi**) (rice mixed and flavoured with palm oil, spices and meat) or plain rice and various types of stew are also popular. For breakfast **akara** (fried bean based dumplings) and **akamu** (corn-based porridge) is incredibly tasty. Hot pepper soup — a combination of fresh fish and chilli papers is hot but exhilarating. Most fruit — pineapples (**pineapple**), guava (**gova**), oranges (**oroma**), paw paw (**popo**), grapefruit (**oroma ilu**), mangoes (**mangoro**) and melons (**egusi**) can be found easily if they are in season. Although Nigerians are great meat and fish eaters, vegetarians can get by with vegetable variations of the meat dishes. There are ample vegetable and bean dishes such as **moi-moi** which are popular and tasty.

Beer (**maya**) and other alcoholic drinks (**maya oku**) like schnapps (**shnap**) are very popular. Generally a bottle of schnapps is used as a libation to the ancestors on most important occasions, or to welcome guests along with kolanuts (**oji**). The bearer of a bottle is generally well thought of.

Locally tapped palm wine (**mmayi ngowo** or **mmanya nkwu elu/ngwo**) is very popular in the villages. But be wary of stale palm in the urban areas, as it can cause stomach upsets. If left for weeks, however, the palm wine ferments and forms a lethal spirit called **kai-kai**. Deadly — do not touch if you have a weak constitution.

Menus in restaurants are usually in English.

9. DIRECTIONS

Where is . . . ?	**Olee ebe . . . ?**
the art gallery	**ana elele ihe nka aka mere**
a bank	**ụlọ akụ**
the church	**ana ekpe uka**
the Ministry of . . .	**ụlọ ndi obodo**
the mosque	**ana efe Muhamed; Ala-kuba**
the city center	**etiti obodo**
the . . . embassy	**ụlọ govamenti obodo ọzọ nkendi . . .**
my hotel	**ebe m n'ezu ike**
the market	**ahịa**
the museum	**ebe ana edote ihe nka eji aka mee**
the police	**ụlọ ndi uwe ojii**
the post office	**ana-esi a kụrụ mmadu akwụkwọ**
a toilet	**ebe ana anyụ nsị**
the consulate	**ụlọ govamenti ndi ọbia**
the telephone center	**ụlọ analekota okwu ikuku**
an information office	**ụlọ ajụjụ na nkọwa**
parliament	**nzuko ọchịchị**
main square	**ama ukwu**
university	**ụlọ akwụkwọ mahadum**
airport	**ebe ụgbọ elu n'ada**
station	**ụlọ nzute ụgbọ elu na ụgbọ ala**
academy	**ụlọ akwụkwọ ukwu**
What . . . is this?	**Olee . . . bụ nkea?**
bridge	**ihe eji agafe mmịrị**
building	**ụlọ**
district	**mpaghara obodo**
river	**nnukwu mmịrị**
road/street	**ụzọ**

suburb	**akụkụ obodo**
town	**obodo ukwu**
village	**ụlọ**

What is this building?	**Ụlọ nke a ọ bụ gịnị?**
What is that building?	**Ụlọ nke ọzọ, ọ bụ gịnị?**
What time does it open?	**Olee mgbe ọ na-emepe?**
What time does it close?	**Olee mgbe ọ na-emechi?**

Can I park here?	**Enwere m ike ikwusị ebe a?**
Are we on the right road for . . . ?	**Anyị anọ n'ezi ụzọ esi eje . . . ?**
How many miles is it to . . . ?	**Ofoduru ije ukwu ole tupu anyi eruo ebe ahu . . . ?**

It is . . . miles away.	**Ọ dị eji ukwu . . .**

Where can I find this address?	**Kedụ ebe m ga achọta ihe eji egosi ebe obi?**
Can you show me on the map?	**Ị nwere ike ịgosi m ya n'akwụkwọ naa-egosi ụzọ na obibi?**

How do I get to . . . ?	**Kedụ otu m ga-esi ruo . . . ?**
I want to go to . . .	**Achọrọ m iga . . .**
Can I walk there?	**Enwere m ike iru ebe ahu n'ije ukwu?**

Is it far?	**Otere anya?**
Is it near?	**Ọ dị nso?**
It is not far.	**Oteghi anya.**

Go straight ahead.	**Gawa ogologo.**
It's two blocks down.	**Owu ije ukwu abua tupu eru ebe ahu.**

Turn left.	**Tụgharịa aka ekpe.**
Turn right.	**Tụgharịa aka nri.**

at the next corner	**na nhirari nke mbu**
at the traffic lights	**ebe oku ụzọ di**
behind	**azụ**
far	**anya**
in front of	**n'ihu**
left	**aka ekpe**
near	**nso**
opposite	**n'ihu**
right	**aka nri**
straight on	**ogologo**
bridge	**ihe eji agafe mmịrị**
corner	**na nko (nkonko)**
crossroads	**ebe okporo ụzọ gafere**
one-way street	**nga otu ụzọ**
north	**olile anyanwụ**
south	**nleda anyanwụ**
east	**ọwụwa anyanwụ**
west	**ọdida anyanwụ**

10. SHOPPING

Where can I find a . . . ?	**Kedụ ebe m ga achọta?**
Where can I buy . . . ?	**Kedụ ebe m ga azụ?**
Where's the market?	**Kedụ ebe ahia di?**
Where's the nearest . . . . ?	**Kedụ nke kachasị nso?**

Can you help me?	**Ị nwere ike inyere m aka?**
Can I help you?	**Ị chọrọ enye m aka?**
I'm just looking.	**Ana m elegharị anya.**
I'd like to buy . . .	**Achọrọ m izụ . . .**
Could you show me some . . . ?	**Ị nwere ike izi m . . . ufodu?**
Can I look at it?	**Enwere m ike ilele ya?**
Do you have any . . . ?	**O nwere nke i nwere . . . ?**

This.	**Nka a.**
That.	**Nke ahù.**
I don't like it.	**Ọ masịghị m.**
I like it.	**Ọ masịrị m.**
Do you have anything cheaper?	**O nwere ihe ị nwere ọnụ ya dịtụ ọnụ ala?**
cheaper/better	**dị ọnụ ala/dịtụ mma**
larger/smaller	**dịtụ ukwu/dịtụ nta**
Do you have anything else?	**O nwere ihe ọzọ i nwere?**
Do you have any others?	**O nwere ndi ọzọ i nwere?**
Sorry, this is the only one.	**Ndo, ọ bụ sọ nkea ka m nwere.**

I'll take it.	**Aga m ewere ya.**
How much/many do you want?	**Ọ bụ ole ka ị chọrọ?**
How much is it?	**Ọ bụ ole ka ị chọrọ?**
Can you write down the price?	**Ị nwere ike idetu egò ole ọ bụ?**
Could you lower the price?	**Ị nwere ike iwedata ọnụ ya ala?**

I don't have much money.	**Enweghị m nnukwu egò.**
Do you take credit cards?	**Ina-ere ahia n'ugwo?**
Would you like it wrapped?	**Ị chọrọ ka m kechie ya?**
Will that be all?	**Ọgwụla ihe ị chọrọ?**
Thank you, goodbye.	**Imeela, ka omesia.**
I want to return this.	**A chọrọ m iweghachi nke a.**

PLACES

auto spares store	**ebe ana-ere ihe ụgbọ ala**
baker's	**ebe ana-eme achicha**
bank	**ụlọ egò; ụlọ akụ**
barber's	**ebe ana-akpa isi**
I want a haircut please.	**Biko, achọrọ m ikpa isị.**
bookshop	**ebe ana-ere akwụkwọ**
butcher's	**ebe ana-egbu anụ**
clothes store	**ebe ana-ere uwe**
dairy	**ebe eme mmịrị ara ehi; ebe eme miliki**
dentist	**ọnye na elekota eze**
department store	**ebe ana-ere ihe orire**
dressmaker	**ọnye na adu uweyi**
electrical goods store	**ebe ana ihe imu oku**
florist	**ebe ana-ere fulawa**
greengrocer	**ọnye na ere nkpuru osisi**
hairdresser	**ọnye na edozi isi**
hardware store	**ebe ana-ere ihe ezi n'ụlọ**
hospital	**ụlọ ọgwụ**
kiosk	**ụlọ ana-ere ihe ntakiri**
laundry	**ebe ana-asa akwa**
market	**ahia**
newsstand	**ebe ndi nchọ akụkọ**
pharmacy	**ebe ana-ere ọgwụ**
shoeshop	**ebe ana-ere agbayi ukwu**
shop	**ebe ana-ere ihe**
souvenir shop	**ebe ana-ere ihe eji echeta obodo**
stationer's	**ahia akwụkwọ**

ọ = more   u = soon   ụ = put   ṅ = sing

supermarket	**ahia ukwu**
travel agent	**ebe ana azuta ihe eji aga obodo ọzọ**
vegetable shop	**ahia akwụkwọ nri**
watchmaker's	**ọnye na emezi ihe eji ama oge**

GIFTS

The Igbo have an extensive cultural tradition in the production of arts and crafts. Baskets, clothes, wood carvings, hand-crafted wall tapestries, leather and hide goods of all kinds, including furniture can be bought quite easily in hotels, 'roadside shops' and in special areas in markets. Beware there are also many items, such as ivory carvings, which are sometimes illegal to transport internationally. Check with your embassy before travel. Most true Igbo antiquities are in the national museums of Nigeria. Excavations continue to be done on important historical sites, both legally and illegally. It is illegal to take out antiquities from Nigeria, without relevant paperwork.

box	**igbe**
bracelet	**mgba aka**
brooch	**ọla obi**
candlestick	**mmụ ọkụ**
carpet	**ute**
chain	**ola**
clock	**oge; elekele**
copper	**ọla ọcha**
crystal	**ọla ọgbụgbụ anya**
earrings	**ọla nti**
enamel	**enamel**
gold	**ọla edọ**
handicraft	**ihe eji aka kpaa**
iron	**igwe**
jade	**ihe ohuru**
jewelry	**ọla**
leather	**akpụkpọ anụ**
metal	**ọla ocha**
modern	**ihe ohuru**

a = p**a**t e = p**ay** i = f**ee**t ị = p**e**t o = s**o**

necklace	**ihe olu**
pottery	**ihe ana akpu akpu**
ring	**ọla aka**
silver	**ọla ocha**
steel	**igwe**
stone	**okwute**
traditional	**nke ochie**
vase	**ihe eji etinye ihe**
watch	**ihe eji ama oge anagba naka; elekele-aka**
wood	**osisi**

CLOTHES

Traditionally, women wear **lappa** a basic wrap around which begins at the midriff and flows down to the ground. Above this would be a blouse. Variations on the lappa are numerous and elaborate, sometimes accompanied by huge and beautiful headresses. **Lappas** usually have finely worked designs and motifs on silk or the best Netherlands 'George' material.

Men wear more discreet and simpler wrappers, accompanied by long decorated shirts which fall down as low as they can without being tucked in. This is usually topped off by headgear of somesort — bowler hats, woolly hats or circular and bigger versions of the Muslim-style skull-caps. Sometimes they also wear traditionally cut baggy trousers as found in the North, accompanied by huge flowing robes in a variety of colours. Given the heat, cotton, linen and other light materials are preferred.

bag	**akpa**
belt	**ihe eji ejigide uweyi ukwu**
boots	**ihe ana eti nukwu**
cotton	**cotton**
dress	**uweyi**
gloves	**uweyi aka**
handbag	**akpa**
hat	**okpu**
jacket	**uweyi oyi**
jeans	**uweyi ukwu**

ọ = more   u = soon   ụ = put   ṅ = sing

leather	**akpụkpọ anụi**
overcoat	**uweyi mkpuchi**
pocket	**akpa**
scarf	**ichafu isi**
shirt	**uweyi ahụ**
shoes	**agbayi ụkwụ**
socks	**uweyi ukwu**
suit	**uweyi eji achu oyi**
sweater	**uweyi ichu oyi**
tie	**eriri olu**
trousers	**uweyi ukwu**
umbrella	**ihe eji egbo mmịrị**
underwear	**ogodo**
uniform	**uweyi ndikota**
wool	**wul**

TOILETRIES, ETC.

aspirin	**ọgwụ ịsị ọwụwa**
bandaid	**ihe eji emechi onya**
comb	**mbo**
condom	**kọndọm**
cotton wool	**kọtọn wul**
deodorant	**ihe eji esi ịsị oma**
hairbrush	**ihe eji abo ịsị**
insect repellant	**ihe eji achụpụ ụmụ ahụhụ**
lipstick	**ihe a n'ete n'ọnụ**
mascara	**ihe eji acho nma**
mouthwash	**ihe eji asa ọnụ**
nail clippers	**ihe eji agba mbọ**
painkillers	**ọgwụ ahu mgbu**
perfume	**ihe n'esi ịsị ọma**
powder	**ihe eji acho nma**
razor	**reza**
razorblade	**reza-bled**
safety pin	**ihe eji ejide uweyi**
shampoo	**ihe eji asa isi**

a = pat   e = pay   i = feet   ị = pet   o = so

shaving cream	**ihe eji aku ihu**
sleeping pills	**ọgwụ ura**
soap	**ncha**
sponge	**sapo; ogbò**
sunscreen	**'sunscreen'**
tampons	**akwa ogodo**
thermometer	**'thermometer'**
tissues	**ihe eji ehicha imi/ihu**
toilet paper	**ihe eji ehicha ike**
toothbrush	**ihe eji asa eze**
toothpaste	**ihe eji asa eze**

STATIONERY

ballpoint	**ihe eji ede akwu kwo**
book	**akwụkwọ**
dictionary	**akwụkwọ eji achota ihe okwu putara**
envelope	**uweyi akwụkwọ**
guidebook	**akwụkwọ nche; akwụkwọ n'akọwa nkọwa**
ink	**ihe eji ede akwụkwọ**
magazine	**akwụkwọ nleghari anya**
map	**ihe nakowa ụzọ**
road map	**akwụkwọ naezi ụzọ obodo**
a map of Onitsha	**akwụkwọ naezi ụzọ obodo Onitsha**
newspaper	**akwụkwọ ozi**
a newspaper in English	**akwụkwọ ozi na Bekee**
notebook	**akwụkwọ ihe ndote**
novels in English	**akwụkwọ akuko Bekee**
(piece of) paper	**akwụkwọ**
pen	**ihe eje ede akwu akwo**
pencil	**ihe eje ede akwu akwo; pensil**
postcard	**akwụkwọ ozi**
scissors	**ncha; ihe eji achabi ihe**
writing paper	**akwụkwọ eji ede ozi**

ọ = m*o*re   u = s*oo*n   ụ = p*u*t   ṅ = si*ng*

Do you have any foreign publications?	**Ị nwere akwụkwọ ndi obodo ọzọ?**

PHOTOGRAPHY

How much is it to process this film?	**Egò ole ka m ga eji sa fima?**
When will it be ready?	**Elegi mgbe nga enweta ya?**
I'd like a film for this camera.	**A chọrọ m fim kamera nke a.**

B&W (film)	**fim nke ọcha na oji**
camera	**kamera**
color (film)	**fim nachaputa achaputa**
film	**fim**
flash	**ncha ọkụ**
lens	**anya kamera**
light meter	**ihe nagu ọkụ**

SMOKING

Cigarettes are usually bought in kiosks, hotel shops or at road side vendors. International brands are available, as are Nigerian brands with similar tar levels. Smoking is not that widespread and is still seen almost exclusively as a middle-class male past-time. Female smokers are seen as trying to act like men. A strong anti-smoking lobby has not yet developed.

A packet of cigarettes, please.	**Anwuru oku, biko.; Mgbọ anwụrụ ọkụ, biko.**

Do you have a light?	**Inwere ọkụ?**
cigar	**anwuru ọkụ**
cigarette papers	**akwụkwọ anwụrụ oku**
cigarettes	**anwụrụ ọkụ**
a carton of cigarettes	**igbe anwuru ọkụ**
flint	**flint**
lighter fluid	**mmanụ ihe eji amụnye ọkụ anwụrụ**

a = pat   e = pay   i = feet   ị = pet   o = so

lighter	**ihe eji agbanye ọkụ**
matches	**ihe eji amụnye ọkụ**
pipe	**ọkpọkọ**
tobacco	**anwụrụ**

ELECTRICAL APPLIANCES

Common Igbo names for modern techonology are rare, and the English term is usually used, e.g. adapter, battery, cd, cd player,fan, hairdryer, heating coil, iron (for clothing), kettle, plug, portable tv, radio, record, tape (cassette), tape recorder, te levision, transformer, video (player), videotape and volta ge regulator. A record or l.p. is **nkwa**.

SIZES

small	**ntakiri**
big	**ukwu**
heavy	**nyiri aru**
light	**di efere**
more	**dikariri**
less	**di nta**
too much	**bukaririibu**
many	**kariri**
enough	**zuru ezu**
that's enough	**ozugo**
also	**ma**
a little bit	**di natakiri**
Do you have a carrier bag?	**Ị nwere akpa eji ebu ihe?**

Electric current — Nigeria carries 220 volts. However most hotels have outlets for 110 volts electric shavers. If you take other equipment designed for 110 volts, take a converter. There are wide fluctuations in voltage strength and frequent power cuts. Most hotels, however, will have their own back-up generator. But do carry a torch and supply of candles.

ọ = m**o**re   **u** = s**oo**n   **ụ** = p**u**t   **ṅ** = si**ng**

11. WHAT'S TO SEE

The Igbo are renowned for their music and dancing, and the colourful masquerades in which the participants wear elaborate masks. These days these can best be seen during the Christmas and New Year festivities where masquerades walk the streets whipping up a storm, or at particular village ceremonies and festivities such as huge weddings or funerals. You will need to ask around to see when festivals are taking place. Try and catch an example of **atilogwu** dancing — a vigorous dance form which literally translates as 'Is this magic?' — it involves gymnastics, foot-stomping rhythms and brilliant colours. Different troupes of young men and women **atilogwu** dancers perform at different festivals.

Otherwise, for the general visitor who wants to go sightseeing: Anambra offers splendid natural sites like the Obgunike Caves, Agulu Lake (rich in wild life) and the Aguleri Game Reserve. There are also the Igbo-Ukwu archeological excavations. And Onitsha is a famous and bustling market centre on the east bank of the Niger River. The traditional Ofala festivals, involving the royalty in Anambra, are full of color and fanfare.

At Enugu is a branch of the National Museum, the Iva Valley Coal Mine Museum and University of Nigeria facilities. At Owerri there is an amusement park, Nekeda Botanical and Zoological Gardens, the Palm Beach Tourist Village at Awomama and the Oguta Lake Holiday Resort, which is developing into an international tourist centre. While Umuahia is home to the National War Museum, with the Civil War collection. Other places of interest are Akwette Blue River Tourist Village and Uwana Beach. Akwette also has its own unique weaving industry.

Do you have a guidebook/local map?	**Ị nwere ọnye n'ezi ụzọ?** **Akwụkwọ n'ezi ụzọ?**
Is there a guide who speaks English?	**Ọ nwere ọnye n'ezi ụzọ n'asụ Bekee?**
What are the main attractions?	**Gini ka ha na eme?**
What is that?	**Gini bụ nkea?**
How old is it?	**Odi afo ole?**

a = pat   e = pay   i = feet   ị = pet   o = so

May I take a photograph?	**Enwere m ike įchį n enyo?; Kam we foto?**
What time does it open/ close?	**Kedų mbe ọ na emepe/ emechį?**
What is this monument?	**Gini wu ihe nkea akpųrų akpų?**
What does that say?	**Gina ka nke ahu kwuru?**
Who is that statue of?	**Akpųrų akpųa, o wu nke ọnye?**
Is there an entrance fee?	**Ana akwu ugwo abanye?**
How much?	**Egò ole?**
Are there any night clubs?	**Ọ nwere ebe ana aga mkpari abalį?**
Where can I hear local folk music?	**Kedų ebe m ga anų uri ndį bį ebea?**
How much does it cost to get in?	**Ego ole ka o na ada įbanye?**
What's there to do in the evenings?	**Gini ka ana eme na-abali?**
Is there a concert?	**Ọ nwere ihe omume ana eme?**
When is the wedding?	**Kedų mgbe agbam akwųkwọ?**
What time does it begin?	**Kedų mgbe ọ na ebįdo?**
Can we swim here?	**Anyi nwere ike igwu mmįrį?**
dancing	**įgba egwu; įgba nkwa**
disco	**disko**
disk-jockey	**ọnye na aku egwu; ọnye n'etinye nkwa**
exhibition	**ihe ozizi**
folk dancing	**amakekwu**
folk music	**egwu amakewu**
jazz	**jazz**
party	**ebe anuri/omume**
rock'n'roll	**rock'n'roll**
blues	**blues**

A NOTE ON RELIGIOUS HERITAGE

Many Igbo have converted to Christianity, and on one level Igboland is essentially a Christian country, with all the various denominations (Catholic, Anglican, Presbyterian, Methodist, and even new-look African churches like the Cherubim and Seraphim) represented. There is also a great 'born-again' revival taking place at the moment, with many of the American Evangelical churches making dramatic inroads. So Igbo religious festivals and holidays, like Easter and Christmas follow those of other Christian countries. (There are ten national holidays in Nigeria — New Year's Day (January 1); Good Friday; Easter Monday; Worker's Day (May 1); Children's Day (May 27); Id-el-Fitri; Id-el-Kabir; National Day (October 1); Christmas Day (December 25); Boxing Day (December 26).

However, many people who are nominally Christian still practise traditional Igbo religion — particularly as the religion is so bound up with the culture and tradition (**Omenala** — which literally translates as 'the etiquette of the land' or 'our customs and conventions'). The Godhead at the centre of this religion is a duality — **Chi** (The Supreme Being **Chi-ukwu** or **Chukwu**) and **Eke** (God the Creator or **Chineke**.) Below this force are deities (**Agbara**) such as **Ala** (land) who also have to be appeased — and whose importance depends on the part of Igboland where one is. And then there are the 'Venerable Ancestors' (**Ndichie**), who are also linked to the traditional Godhead. Religious figures, seers and diviners help us understand the spirits and forces unleashed in this religious system — guided by **Omenala**. Harvest festival, thanksgiving ceremonies and other remembrances are built into the system, the occasions of the prayers and sacrifices traditionally marked holidays such as the popular **Omume Ala** i.e '**Ala** Day in honour of the Earth Deity.' These holidays tend now to be informal occasions restricted to individual rural areas with their own shrines and deities.

Beyond traditional religion, a tiny but growing number of people are converting to Islam either through marriage or as part of the old Igbo pragmatism, this time through an attempt to deepen business relationships with the Muslim North, where power and control of Nigeria is believed to lie.

OCCASIONS

birth	**ọmụmụ nwa**
death	**ọnwụ**
funeral	**onini mmadụ**

a = pat   e = pay   i = feet   ị = pet   o = so

marriage	**olulu nwanyi**
circumcision	**ibi ugwu**
coming of age *female*	**iru mgbede**
chieftaincy	**ịchịi ọzọ**

BUILDINGS

academy	**ụlọ nnukwu akwụkụọ**
apartment	**obi**
archaeological	**ebe ihe ochie**
art gallery	**ebe ihe ise aka**
bakery	**ebe ana eme achicha**
bar	**ebe ana anu mmayi**
apartment block	**ụlọ obibi**
building	**ụlọ**
casino	**ụlọ egwiri egwu**
castle	**ụlọ nche**
cemetery	**ebe ana eli mmadu**
church	**ụlọ uka**
cinema	**sinema**
city-map	**ihe n'ezi obodo**
college	**ụlọ akwụkwọ**
concert hall	**ụlọ ebe ana eme ihe ọchị**
concert	**ihe ọchị**
elevator	**ihe nebuli elu**
embassy	**ụlọ ndi obia**
hospital	**ụlọ ọgwụ**
house	**ụlọ**
housing project	**ụlọ ana aru aru**
library	**ụlọ ana enweta akwụkwọ**
main square	**ama ukwu**
market	**ahia**
monastery	**ebe ndi fada**
monument	**ihe akpụrụ akpụ**
mosque	**ụlọ ndi nefe Muhamed**
museum	**ụlọ ihe ochie**
nightclub	**ebe ana agba nkwa abali**

old city	**obodo ochie**
opera house	**ebe ana agụ egwụ ukwu**
park	**ebe ana egwụ egwụ**
parliament building	**ụlọ ndi ochichi**
restaurant	**ebe ana eri nri**
ruins	**ụlọ dara ada**
school	**ụlọ akwụkwọ**
shop	**ebe ama azuta ihie**
shrine	**ihu mmuo**
stadium	**ebe ana agba ball**
statue	**ihe akpuru akpu**
synagogue	**ụlọ uka ndi Juda**
temple	**ụlọ uka**
theatre	**ụlọ egwu egwu**
tomb	**ịnị**
tower	**ụlọ ogologo**
university	**ụlọ akwụkwọ ụkwụ**
zoo	**ụlọ anụmanụ**

12. Finance

Currency — The unit of currency is the **naira**, with notes issued in 5, 10, 20 and 50 naira denominations. An unlimited amount of foreign currency is allowed, provided it is declared to customs.

Changing money — Foreign currency is only allowed to be changed at official banks, although a huge black market flourishes. This is not to be encouraged as undercover agents frequently pose as black-market currency dealers. English will be spoken at all banks.

I want to change some dollars.	**A chọrọ m ịgbanwe egò dollar.**
I want to change some pounds.	**A chọrọ m igbanwe egò pounds.**
Where can I change some money?	**Kedụ ebe m ga agbanwe egò?**
What is the exchange rate?	**Gini ka anaeji agbanwe?**
What is the commission?	**Egò ole ka ana ana iji agbanwe ya?**
Could you please check that again?	**Biko, legharia ya anya ọzọ?**

dollar	**dollar**
euro	**euro**
naira	**naira**
pound (sterling)	**pound (sterling)**

bank notes	**akwụkwọ egò**
calculator	**ihe eji agụzị ogu**
cashier	**ọnye na agụ egò**
coins	**aghirigha egò**
credit card	**akwụkwọ eji ana n'aka**
commission	**jarra**
exchange	**igba nwe**
loose change	**egò aghirgha**
signature	**mbiba aka**

13. COMMUNICATIONS

Telephones — Igboland and Nigeria generally has a notoriously bad telephone system. Too few lines for the volume of traffic means long delays in trying to get through both domestically and internationally. Keep trying and you will get through — or else use the state telephone company, a branch of which can be found in most major towns. The international operator will put you through.

The **postal service** is erratic and not secure. For important messages send through a secure route — fax, couriers, telex, e-mail. If you expect mail, ask to borrow somebody's PO box number; or arrange to receive it through your hotel or business organisation's address.

AT THE POST OFFICE

Where is the post office?	**Kedụ ebe ụlọ ana etinye akwụkwọ edere ede di?**
What time does the post office open?	**Kedụ mgbe o na-emepe ?**
What time does the post office close?	**Kedụ mgbe o na-emechi?**
Where is the mail box?	**Kedụ ebe ana etinye akwụkwọ edere ede?**
Is there any mail for me?	**Ọ nwere akwụkwọ edetara m?**
How long will it take for this to get there?	**Kedụ oge ọga ewe tupu orute ebe ahu?**
How much does it cost to send this to . . . ?	**Egò ole ka ọga ada iji zipu nkea, ka orue . . . ?**
I would like some stamps.	**Achọrọ m stamp.**
I would like to send . . .	**Achọrọ m iziga . . .**
a letter	**akwụkwọ edere ede**
a postcard	**ihe nakowasi obodo**
a parcel	**ngwugwu**
a telegram	**iku waya**

air mail	**akwụkwọ anaeziga n'ụgbọ elu**
envelope	**ambalop**
mailbox	**ebe ana etinye akwụkwọ edere ede**
parcel	**ngwugwu**
registered mail	**akwụkwọ etinyere naka ndi ozi**
stamp	**ihe eji eziga akwụkwọ**
telegram	**waya**

TELEPHONING

Where is the telephone?	**Kedụ ebe ihe eji ekwu okwu n'ịkuku di?**
May I use your phone?	**Biko, enwere m ike ịwewetụ ife eji akpọ oku n'ịkuku?**
Can I telephone from here?	**Enwere m ike site n'ebea kwuu okwu n'ịkuku?**
Can you help me get this number?	**Ị nwere ike ịnye m ihe eji amata ebea n'ịkuku?**
I would like to make a phone call.	**A chọrọ m ikpo oku n'ịkuku.**
I would like to send a fax.	**A chọrọ m ịziga faks.**
I would like to send a telex.	**A chọrọ m iku waya.**
I want to ring . . .	**A chọrọ m ikpo . . .**
What is the code for . . . ?	**Kedụ ihe eji amataya obodo . . . ?**
What is the international code?	**Kedụ ihe eji amata mba ọzọ?**
The number is . . .	**Ihe eji amataya bu . . .**
The extension is . . .	**Nke ga eweru okwu ebe ona aga wu . . .**

It's busy.	**Oru juru.**
I've been cut off.	**Ewezugala m.**
The lines have been cut.	**Ewezugala m ihe eji eruta.**
Can you help me get this number?	**Ị nwere ike itinyere m aka nweta ihe eji amata nkea.**
Can I dial direct?	**Enwere m ike ikpo oku kpom kwem?**
Where is the nearest public phone?	**Kedụ ihe eji akpo oku nikuku karichara nso di?**
I would like to speak to Mr./Mrs./Ms. . . .	**Aga m acho ikwuru Masi/ Oriaku/Adanwanyi . . .**
Can I leave a message?	**Enwere m ike ihapu ozi?**
fax	**faks**
e-mail	**'e-mail'**
international operator	**opareto nke ukwu**
Internet	**'internet'**
mobile phone	**'mobile'**
modem	**'modem'**
operator	**opareto**
satellite phone	**'satellite'**
telex	**teleks**

14. THE OFFICE

chair	**oche**
computer	**computa**
desk	**ihe eji atukwasi akwukwo**
drawer	**ebe ana etinye ihe**
fax	**faks**
file	**ebe ozizo ihe**
meeting	**nzuko**
paper	**akwukwo**
pen	**nkpisi akwukwo**
pencil	**nkpisi akwukwo**
photocopier	**fotocopia**
printer	**printa**
report	**akuko**
ruler	**ihe eji atu ihe**
telephone	**ihe eji ekwu okwu n'ikuku**
telex	**teleks**
typewriter	**teprita**

15. THE CONFERENCE

a break for refreshments	**izu ike imeghari onu**
conference room	**ebe nzuko**
copy	**idere**
discussion	**ikpa nkata**
guest speaker	**ọnye obia nwe ikwu okwu**
a paper	**akwụkwọ**
podium	**'podium'**
projector	**projekta**
a session chaired by . . .	**ọnye isi oche nzụkọ a . . .**
speaker	**ọnye okwu**
subject	**ihe gbasara**

NOTE ON IGBO TRADITIONAL LAW

Traditional Igbo law is based on **Omenala,** the collection of common law and costume that has gone by in the culture. It was based on the old religion, and explained the things you had to do to appease the deities, spirits and the ancestors, in order that your crops flourished and you were protected from bad spirits.

Keeping the laws meant that you were in harmony with the universe. The elders interpreted and kept the numerous secular laws, while people such as the **Onye Isi Mmuo** ('He who is the Head of the Deity') or **Eze Nri** ('Priest King') would interpret and keep the sacred laws.

Given the agricultural and clan-based nature of Igbo societies, there were strong laws against incest and other abominations, as well as against more common things like theft, murder etc. The penalty for theft was ritual humiliation, which involved being paraded through the streets of the village naked. The penalty for murder was ritual death and ostracising of the killer's family.

a = p**a**t   **e** = p**ay**   **i** = f**ee**t   **ị** = p**e**t   **o** = s**o**

16. THE FARM

agriculture	**ihe gbasara iku ubi**
barn	**oba**
cattle	**nama; ehi**
to clear land	**isuchala**
corn	**oka**
crops	**ihe ụbị**
earth	**ala**
fallowland	**ala aga ako ako**
farm	**ubi**
farmer	**ọnye naku ubi**
farming	**iku ubi**
animal feed	**ihe eji azụ anụmanụ**
fertilizer	**fertiliza**
field	**mbara ala**
fruit	**nkpuru osisi**
garden	**ụbị**
to grow crops	**iku ihe n'ubi**
harvest	**iri ihe ụbị**
marsh	**ala ngu**
mill	**mil**
orchard	**plantation**
palm tree	**osisi nkwo**
palm nut	**nkpruru nkwo**
planting	**iku ihe**
plow	**iku obi**
to plow	**iku obi**
reaping	**iri ihe ubi**
season	**oge**
seed	**nkpuru**
sowing	**iku ihe**
tractor	**trakta**
well (of water)	**omi; wel**

17. ANIMALS

MAMMALS

cat	**bosi nwa ọbala**
cow	**ehi; nama**
deer	**atụ**
dog	**nkita**
donkey	**inyinya ibu**
flock	**igwe**
goat	**ewu**
herd	**igwe**
horse	**inyinya**
lamb	**nwa aturu**
mare	**nne inyinya**
mouse	**oke**
mule	**inyinya ibu**
pig	**ezi**
pony	**nwa inyinya**
rabbit	**oke ulo**
ram	**aturu awusa**
rat	**oke**
sheep	**aturu**

BIRDS

bird	**nnụnụ**
chicken/hen	**okuko/nne okuko**
rooster	**oke okuko**
duck	**ọbagwụ**
eagle	**ugo**
goose	**okwa**
hawk	**egbe**
owl	**ikwikwi**
turkey	**tololo**
vulture	**udele**

INSECTS & AMPHIBIANS

ant	**umu ahuhu**
bat	**ụsụ**
bee	**anu**
butterfly	**ihe na-efe-efe**
caterpillar	**ikpurukpu; eruru**
cockroach	**ụchịcha**
fish	**azu**
flea	**igwu**
fly	**iji**
frog	**awo**
gecko	**ncheke**
insect	**ahuhu**
lizard	**ngwere**
louse	**igwu**
mosquito	**anwunta**
snail	**ejuna**
snake	**agwo**
spider	**udide**
termite	**akika**
tick	**igwu**
wasp	**ogba kpim**
worm	**idide**

18. COUNTRYSIDE

canal	**ngabiga mmiri**
copse	**ohia ntakri**
dam	**olulu mmiri**
earthquake	**ala oma jigi jigi**
fire	**oku**
flood	**nkuku mmiri**
foothills	**odida ugwu**
foothpath	**nkpata uzo**
forest	**ohia**
hill	**ugwu**
lake	**ogbaka mmiri**
landslide	**odida ala**
mountain	**ugwu ukwu**
peak	**isi-isi**
plant	**kuo**
range	**ugwu**
river bank	**nkuku miri**
river	**mmiri oruru**
rock	**okwute**
slope	**ndida ugwu**
stream	**iyi**
summit	**isi-isi**
swamp	**omi**
tree	**osisi**
valley	**odida ugwu**
waterfall	**odida mmiri**
a wood	**osisi**

19. THE WEATHER

Igboland has two major seasons — **okochi**, the dry season (October to April) which is very hot with extremely high temperatures; and **udu mmịrị**, the rainy season (July to August), when it rains persistently, alongside cooler weather. **Ụgụrụ** is the season when the Harmattan winds also blow through from the North (from November to February) during the dry season, leaving clouds of dust and cold temperatures at night and in the early morning.

What's the weather like?	**Eleghi otu ubọchi di?**
The weather is . . . today.	**Ubọchi di . . . taa.**
cold	**oyi**
cool/fresh	**mma**
cloudy	**ubochi gbara ijiriji taa**
foggy	**ijiriji**
hot	**oku**
misty	**ijiriji**
very hot	**ubochi taa da okpom ọkụ**
windy	**ikuku neku taa**

It is raining.	**Mmịrị na ezo.**
It is sunny.	**Anwu nacha.**
It is overcast.	**Ọdị ka mgbakọ ịkuku.**

air	**ikuku**
cloud	**mgbakọ ịkuku**
fog	**ijiriji**
frost	**oyi ututu**
full moon	**onwa ukwu**
heatwave	**okpom oku**
ice	**oyi**
midsummer	**okochi**
midwinter	**uguru**
mild winter	**oyi ututu**
moon	**onwa**

ọ = more   u = soon   ụ = put   ṅ = sing

new moon	**onwa ọhụrụ**
rain	**udu mmịrị**
star	**kpakpandu**
sun	**anwu**
sunny	**anwu ochicha**
weather	**ihu ubochi**
wind	**ikuku**

sunny season	**okochi**
winter	**uguru**
rainy season	**udu mmịrị**

NOTE ON IGBO SOCIAL/FAMILY STRATA

Being a people who base their laws, politics and religion on the clan, the Igbo naturally take their families, both nuclear and extended very seriously.

People from the same village usually consider themselves kin, given that most villages were established by a mythical singular ancestor figure or together with his brothers. The incest taboo is maintained rigorously, and intermarriage within the village is forbidden.

Male descendants from the ancestor figure(s) are entitled to work the commonly-owned land of the village, and as a result of this are entitled to all the other legal and political rights that accrue.

Women born in the village traditionally have few rights as they are married off (with a bride price normally paid by the husband) to their husband's village, where they are nevertheless able to have their say political and socially through formal women's groups.

However, despite these mechanisms to allow females a voice, the society is a strong patriarchy. From birth the males are usually divided into age groups — and as they get older within the village, different age groups assume different responsibilities.

The most privileged age group are the **Ndi Okemadu** (the Elders), who run the village politically, and allocate land to others to work. Given the emphasis on wisdom, authority and power coming with age, people are very respectful of their elders. Usually if somebody is in an older age group than you, then you are obliged to call them **Dede** or **Dada.**

a = pat   **e** = pay   **i** = feet   **ị** = pet   **o** = so

20. Camping

For reasons of access, infrastructure and security, camping would not be encouraged. Hotels and other guesthouses are always to be preferred.

Where can we camp?	**Kedi ebe anyi ga ano kota?**
Can we camp here?	**Anyi nwere ike nokata ebeea?**
Is it safe to camp here?	**Onwere ihe ga eme anyi ma anyi nokota ebeea?**
Is there drinking water?	**Mmịrị onunu odi**
May we light a fire?	**Anyi nwere ike imunya oku?**

ax	**anya ike**
backpack	**akpa onyinya**
bucket	**ihe eji ekuta mmịrị**
campsite	**ezị nokata**
can opener	**ihe eji akpoghe olokoro**
compass	**ozi uzo**
firewood	**nku**
flashlight	**oku n'ezi uzo**
gas canister	**'gas canister'**
hammer	**ugboro**
ice axe	**anyi ike**
lamp	**mmpa naka**
mattress	**agada**
penknife	**mma ntakiri**
rope	**eriri**
sleeping bag	**akpa eji ehi ura**
stove	**ekwu igwe**
tent	**nchu anwu**
tent pegs	**ihe eji ejide nchu anwu**
water bottle	**ihe eji etinye mmịrị**

21. IN CASE OF EMERGENCY

Complaining — If you feel cheated or treated badly, raise the matter directly with the person concerned, and if possible go over their heads to their superior. Sometimes to make the point, you may have to spend time putting your case and getting it accepted. Like haggling, the process can be long, drawn out and quite theatrical, involving verbal ultimatums and exaggerated injury. On a one to one basis, Igbos are generally honest, fair and willing to give a stranger the benefit of the doubt.

Crime — Igboland is a paradox. You are unlikely to suffer pick-pocketing or muggings while sexual attacks are virtually unheard of. However, there is crime there — frequently involving those who are there to uphold the law. Police and many other public servants will frequently expect additional bribes for doing their jobs. Sometimes these requests for bribes are made quite aggressively, especially if you are in a vulnerable position. Your vulnerability is frequently exploited in a callous way — and you are faced with either paying the bribe or being delayed. Reporting the officers to superiors helps little, so endemic is the system of corruption. Patience and a savvy local guide are usually the best way through.

Armed robbery in a car or house is also a problem. Try not to draw attention to yourself if you are carrying much money or other valuable goods. Follow the same sensible precautions you would in your country. Don't leave valuables in your hotel room. Don't tempt poor, badly paid people.

What to do if you lose something — Always ask senior officials. It may have been handed in. The same person who would demand a 10 naira bribe off you in the morning, would also calmly hand in a wallet with 100 naira in it in the afternoon.

Disabled facilities are virtually non-existent. There is not really a huge lobby for easier access. Buildings, offices, over-crowded and badly maintained roads and non-existent pavements do not make it easy for people in wheelchairs. Again because of power cuts and poor maintenance, lifts do not generally function. Very few hotels provide such facilities.

Toilets — there are very few public amenities. Usually you would have to use a facility in a restaurant or shop. Water shortages, failed plumbing and lack of toilet paper does not always make this a pleasant experience. Carry some tissues or wet wipes if you can.

Help!	**Nyere m aka!**
Could you help me please?	**Biko, nyere m aka?**
Do you have a telephone?	**Ị nwere ihe eji ekwu okwu n'ịkuku?**
Can I use your telephone?	**Enwere m ike iwere ihe iji ekwu okwu n'ikuku?**
Where is the nearest telephone?	**Kedụ ebe ihe eji ekwu okwu n'ikuku di nso ebea i?**
Does the phone work?	**Ehi eji ekwu okwu n'ikuku ana arụ ọrụ?**
Get help quickly!	**Nweta inya aka osiso!**
Call the police.	**Kpoo ndi uweyi oji!**
I'll call the police!	**Aga m akpọ ndi uweyi oji!**
Is there a doctor near here?	**Onwere ọnye dibia di nso?**
Call a doctor.	**Kpoo ọnye dibia.**
Call an ambulance.	**Kpoo ụgbọ ala eji ebuge ndi oria!**
I'll get medical help!	**Agam akputu ọnye ga enye aka mgbake ahu!**
Where is the doctor?	**Kedụ ebe dibia di?**
Where is the hospital?	**Kedụ ebe ụlọ ogwụ di?**
Where is the chemist?	**Kedụ ebe ana-ere ọgwụ?**
Where is the dentist?	**Kedụ ebe ọnye na elokota eze di?**
Where is the police station?	**Kedụ ebe ụlọ ndi uwenyi oji di?**
There's been an accident!	**Ihe mgberegede emewo!**
Is anyone hurt?	**Onwere ọnye meruru ahụ?**
This person is hurt.	**Ọnye nkea meruru ahụ.**
There are people injured.	**Ndi mmadu mereru ahu.**
Don't move!	**Emegharila ahu**
Go away!	**Puo nebea!**
I am lost.	**Efuola m.**
I am ill.	**Ahu adighi m.**
I've been raped.	**Emetosiala m.**
Take me to a doctor.	**Kporo m ga ebe ọnye dibia.**

Where is the doctor?	**Kedụ ebe ọnye dibia di?**
I've been robbed.	**Ezụọla m ohi.**
Thief!	**Onye ori!**
My . . . has been stolen.	**Ezuala . . . ihem.**
I have lost my . . .	**Etufuola m . . .**
my bags	**akpa m**
my camera equipment	**ihe na nese foto m**
my handbag	**akpa aka m**
my laptop computer	**laptop computa m**
my money	**ego m**
my passport	**akwụkwọ eji eje mba m**
my sound equipment	**ihe egwu m**
my travelers' checks	**ego eji aga ije m**
my wallet	**akpa m**
My possessions are insured.	**Edere ihe nile mmwere na akwụkwọ.**
I have a problem.	**Enwere m nsọgbụ.**
I didn't do it.	**Emeghi m ihe ahụ.**
I'm sorry.	**Ịwere m ịwe.**
I apologize.	**Gbayara m.**
I didn't realize anything was wrong.	**Amaghi m na ọdi njo.**
I want to contact my embassy/consulate.	**Achoro m ikpokuta ndi obodo m.**
I speak English.	**Ana m asụ ọkwu Bekee.**
I need an interpreter.	**Achoro m ọnye nkọwa okwu.**
Where are the toilets?	**Kedụ ebe ana anyụ nsị?**
clinic	**ụlọ oria**
doctor	**dibia**
nurse	**ọnye uweyi ọcha**
hospital	**ụlọ ọgwu**
policeman	**ọnye uweyi oji**
police	**ndi uweyi oji**
police station	**ụlọ ndi uweyi oji**

a = p**a**t   **e** = p**ay**   i = f**ee**t   **ị** = p**e**t   **o** = s**o**

22. HEALTHCARE

Make sure your **insurance policy** covers Nigeria. Nigerian law currently requires **vaccinations** against yellow fever and cholera in order to enter the country. Without these you could be barred from entering the country. Polio is also advisable.

Nigeria is a tropical country, therefore **malaria** is a problem. A course of chloroquine phosphate taken once a week, to be started two weeks before departure, and continued two weeks after returning, is usually enough.

Chemists are fairly widespread. Try and avoid market vendors as the country has a huge problem with bogus drugs. Ask around for a reputable chemist which should be well stocked. But for peace of mind it is probably best to bring your own drugs like aspirin, etc.

What's the trouble?	**Gini mmere?**
I am sick.	**Ahu adighi m.**
My companion is sick.	**Ahu adighi onye otu m.**
May I see a female doctor?	**Biko zim dibia nwanyi?**
I have medical insurance.	**Ihe gbasara ahu m di na akwukwo.**
Please undress.	**Biko tipu uweyi.**

AILMENTS

How long have you had this problem?	**Kedu mgbe ibidoro iria oria?**
Where does it hurt?	**Kedù ebe ona egbu mgbu.**
It hurts here.	**O na egbu ebea.**
I have been vomiting.	**Ana m agbo agbo.**
I feel dizzy.	**Ajuu n'ebu m**
I can't eat.	**Anaghi m eri nri.**
I can't sleep.	**Ura anaghi atu m.**
I feel worse.	**O na aka njo.**
I feel better.	**O na ditu mma.**
Are you . . . ?	**I di . . . ?**
diabetic	**oria onu uto ona ariagi**
epileptic	**osise/akwukwu ona ese gi**

o = more   u = soon   u = put   ṅ = sing

I'm pregnant.	**Adị m ịme.**
I have . . .	**Enwere m . . .**
You have . . .	**Ị nwere . . .**
a temperature	**ahụ ọkụ**
an infection	**ọria**
an itch	**ọkọ**
I have a cold.	**Oyi n'ama m.**
You have a cold	**Ị nwere oyi.**
I have a cough.	**Enwere m ụkwara.**
You have a cough.	**Ị nwere ụkwara.**
I have a headache.	**Isi n'awa m.**
I have toothache.	**Eze n'egbu m**
I have a sore throat.	**Akpiri n'ara m ahụ.**
I have a stomachache.	**Afọ n'egbu m mgbu.**
I have a broken arm.	**Agbajiri m aka.**
I have a broken leg.	**Agbajiri m ukwu.**
I have backache.	**Azu n'egbu m mgbu.**
I have constipation.	**Afọ kpochịrị m.**
I have diarrhea.	**Afọ nasa m.**
I have a problem with my heart.	**Obi negbu m mgbu.**

MEDICATION

I take this medication.	**Ana m anwu ọgwụ a.**
I need medication for . . .	**Achoro m ọgwụ nke . . .**
What type of medication is this?	**Kedụ ọgwụ dị nkea?**
How many times a day must I take it?	**Kedụ ugboro ole n'ubuochi ka m ga anwu ya?**
When should I stop?	**Kedụ mgbe m ga akwụsị?**
I'm on antibiotics.	**Ana m anwụ ọgwụ 'antibiotics.'**
I'm allergic to . . .	**Ọgwụ ndịa . . . anaghi aba m ọnụ.**

a = pat   e = pay   i = feet   ị = pet   o = so

antibiotics	**'antibiotics'**
penicillin	**'penicillin'**

I have been vaccinated.	**Agbala m ọgụ aka.**
I have my own syringe.	**Enwere m ihem jị eso ọgwụ.**

Is it possible for me to travel?	**Enwere m ike iga ijem n'acho iga?**

painkiller	**ọgwụ mgbụ**
tranquilizer	**ọgwụ itu ura**
aspirin	**ọgwụ isị**
antibiotic	**'antibiotic'**
drug	**ọgwụ**

HEALTH WORDS

AIDS	**AIDS**
alcoholic	**ọnye anuruma**
alcoholismanemia	**ọnye anuruma**
amputation	**akwobiri**
anesthetic	**ihe na atu ura**
anesthetist	**ọnye na enye ihe na atu ura**
antiseptic	**'antiseptic'**
blood	**ọbara**
blood group	**usoro ọbara**
blood pressure:	**mgbali ọbara**
low blood pressure	**ọbara mgbali ala**
high blood pressure	**ọbara mgbali elu**
blood transfusion	**inye ọbara**
bone	**ọkpụkpụ**
cancer	**cancer**
cholera	**afo owuwu**
clinic	**ebe ndi oria**
dentist	**dibia na elekọta eze**

ọ = m**o**re   u = s**oo**n   ụ = p**u**t   ṅ = si**ng**

epidemic	oria mgberegede
fever	ahu oku
flu	iba
fracture	mgbaji
frostbite	ntagbu
germs	umo oria
heart attack	obi mgbafu
hepatitis	ocha nanya
HIV virus	HIV virus
hygiene	idi ocha
indigestion	afo mkpochi
infection	ihe nebuhie ebuhie
influenza	iba
limb	ukwu ('leg') or aka ('arm')
needle	ndudu
nurse	onye uweyi ocha
operating theatre	ebe ana awa ahu
(surgical) operation	iwa ahu mmadu
oxygen	ikuku
pain	ahu mgbu
parasite	'parasite'
physiotherapy	fizio
pins and needles	ntagbu
rabies	oya anumanu
snake bite	agwo otita
stethoscope	'stethoscope'
stomachache	afo ohihi
surgeon	dibia na awa ahu
(act of) surgery	iwa ahu
syringe	ndudu
thermometer	'thermometer'
toothache	eze ngbu
torture	imegbu mmegbu
virus	virus

EYESIGHT

I have broken my glasses.	**Akuwala m ịgegbe anya m.**
Can you repair them?	**I nwere ịke ịmezi ha?**
I need new lenses.	**Achoro m ịgegbe anya ọzọ.**
When can I collect them?	**Kedụ mgbe m ha ewere ha?**
How much do I owe you?	**Eji m gi ego ole?**
contact lenses	**igegbe anya**
contact lens solution	**mmịrị igegbe anya**

23. RELIEF AID

Can you help me?	Ị nwere ike ịnyere m aka?
Do you speak English?	Ị na asu okwu Bekee?
Who is in charge?	Kedụ ọnye isi?
Fetch the main person in charge.	Kpọta ọnye isi.
What's the name of this town?	Kedụ aha obodo a?
How many people live there?	Mmadu ole bi ebe ahụ?
What's the name of that river?	Kedi aha mmịrị ahụ?
How deep is it?	Ọdi omimi?
Is the bridge still standing?	Ihe eji agafe mmịrị oka naguzo?
What is the name of that mountain?	Kedụ aha ụgwụ ahụ?
How high is it?	Ọ ha otu ole?
Where is the border?	Kedụ oke obodo?
Is it safe?	Ọ dị mma?
Show me.	Zim.

ROADBLOCKS

checkpoint	ebe ana eche nche
roadblock	ụzọ nkpochi
Stop!	kwusi
Do not move!	A pukwala!
Go!	Gawa!
Who are you?	Ọnye ka ibu?
Don't shoot!	Agbala egbe!
Help!	Nye aka!
no entry	anaghị aba aba
no admission	anaghị abanye ebea
emergency exit	ebe eji apu na mgberegede

a = pat   e = pay   i = feet   ị = pet   o = so

straight on	**naga niru**
turn left	**tughara aka ekpe**
turn right	**ga aka nri**
this way	**ebeà**
that way	**ebe ahụ**
Keep quiet!	**mmechie ọnụ**
You are right.	**Idi mma.**
You are wrong.	**Idighị mma.**
I am ready.	**Ejikerela m.**
I am in a hurry.	**Odị m ọsisọ.**
Well, thank you!	**Imela, ndewo!**
What's that?	**Ogini wu nkea?**
Come in!	**Bata!**
That's all!	**Ogwula!**

FOOD DISTRIBUTION

This is a feeding station.	**Ebea ana enye nrị.**
How many people in your family?	**Kedụ mmadu ole di na ezinụlọ gị?**
How many children?	**Ụmụ ole ka ịjị?**
You must come back this afternoon.	**Igaabiachi na ehihie.**
tonight	**ne abali**
tomorrow	**echi**
the day after	**nwanne echi**
next week	**izu uka ozo**
There is water for you.	**E debere gị mmịrị.**
There is grain for you.	**E debere gị nkpuru.**
There is food for you.	**E debere gị nrị.**
There is fuel for you.	**Mmanụ ụgbọ diri gị.**

ROAD REPAIR

Is the road passable?	**Ana agali ụzọ ahu agali?**
Is the road blocked?	**Akpochiri ụzọ ahu?**
Are the bridges intact?	**Ebe esi agafe, odi mma?**
Are there any obstacles?	**Onwere ihe nochiri uzo?**

ọ = more   u = soon   ụ = put   ṅ = sing

What is it blocked with?	**Gini ka eji kpochie ya?**
holes?	**ọnụnụ?**
trees?	**okporo osịsị?**
rocks?	**nkume?**
landslide?	**ala odịda**
something else?	**odi ihe ozo eji kpochie ya?**

Are there any road-building machines nearby?	**Onwere ihe eji edozi ụzọ dinso?**
We are repairing the road.	**Anyi na emezi ụzọ.**
We are repairing the bridge.	**Anyi na emzi ihe eji agafe mmịrị.**
We need . . .	**Anyi chọrọ . . .**
wood	**osisi**
rock	**nkume**
gravel	**ọkwụte**
sand	**aja**
fuel	**mmanụ ụgbọ**

OTHER WORDS

airforce	**ndi agha ụgbọ elu**
ambulance	**ụgbọ nebu ndi meruru ahu**
armored car	**ụgbọ aghia**
army	**ndi agha**
artillery	**egbe tuum**
barbed wire	**barbed waya**
bomb	**bọmbọ; ọgbụ-nịgwe**
bomber	**ugbe elu eji alu agha**
bullet	**ngbo egbe**
cannon	**nsu egbe**
gun	**egbe**
machine gun	**ebge ukwu**
mine	**mine**
minefield	**mbara mine**
missile	**bọmbọ**
natural disaster	**mgberegede**

a = pat e = pay i = feet ị = pet o = so

navy	**ndi agha ugbo**
officer	**ọnye ịsị**
oil company	**ndi n'egwu mmanụ**
oilfield	**mbara mmanụ**
parachute	**ihe ntuda ụgbọ elụ**
peace	**udo**
people	**ndi mmadụ**
pistol	**egbe nta**
refugee	**ndi ogba ọsọ**
refugee camp	**ụlọ ndi ọgbọ ọsọ**
relief aid	**ihe ntinye aka**
sack	**akpa**
shell	**bọmbọ**
shrapnel	**unkpokoro bọmbọ**
tank	**tank**
troops	**ndi agha**
unexploded bomb	**bombo na agbawabeghi**
United Nations	**Obodọ Ndi Nnokotara Otu;** *or use English*
war	**agha**

24. TOOLS

binoculars	'binoculars'
brick	nkume
brush	aziza
cable	waya
cooker	ihe eji isi nri
drill	ihe eji egwụ ihe
glasses, sunglasses	igagbe anya
hammer	ugboro
handle	ihe ijide aka
hose	ihe eji agba mmịrị
insecticide	ihe negbu ahuhu
ladder	ihe eji ari elu
machine	mashin
microscope	'microscope'
nail	ntu
padlock	otugwa
paint	uhe
pickaxe	anya ike
plank	osisi
plastic	plastik
rope	eriri
rubber	roba
rust	ita nchara
saw	ihe nkwobi
scissors	'scissors'
screw	'screw'
screwdriver	'screwdriver'
spade	ugo
spanner	'spanner'
string	eriri
telescope	'telescope'
varnish	'varnish'
wire	waya

a = pat   e = pay   i = feet   ị = pet   o = so

25. THE CAR

Driving — Unless you already know the country well, it is inadvisable to bring your own vehicle to Nigeria. If you do, you will need an international driver's license, car registration papers and insurance. It is unlikely you will find spare parts readily available. Driving conditions vary. In the big towns you can pick up rental cars with an international driving license. Please keep your papers in order as the police and army at checkpoints, will ask you to produce your documents. Failure to do so may well lead to having to pay bribes or serious delay.

Cars are quite expensive, as is buying locally in naira. There is a good market in used cars, but don't go by yourself. Find a guide who can take you through. Driving is a hair-raising experience, given the pot-holed and badly maintained roads and the free-wheeling attitude of other drivers. There are few traffic lights, at which nobody stops. Don't be surprised if a taxi driver is quite calmly driving the wrong way up a one-way street.

Roads are not well signposted, street lights few and erratic due to power cuts. There are parking restrictions in the towns, but check with locals before parking to make sure. It might otherwise involve you in contact with officialdom and the possibility of having to pay bribes.

Where can I rent a car?	**Kedụ ebe nagaagbaziri ụgbọ ala?**
Where can I rent a car with a driver?	**Kedụ ebe ngagbaziri ụgbọ ala na ọnye ga anya ya?**
How much is it per day?	**Ọ bụ ego ole kwa ubochi?**
How much is it per week?	**Ọ bụ ego ole kwa izu uka?**
Can I park here?	**Enwere m ike ịkwusi ebea?**
Are we on the right road for . . . ?	**Anyi no nụzọ ziri ezi na ga . . . ?**
Where is the nearest filling station?	**Kedụ ebe ana agbanye mmanụ di nsụ?**

Fill the tank please.	**Gbajuru m mmanụ, biko.**
normal/diesel	**'normal'/'diesel'**
Check the oil/tires/	**Lekwara mmanụ/ukwu/**
battery, please.	**'battery' ugbulm, biko.**

I've broken down.	**Akwusila m.**
I have a puncture.	**Ihe akpofuola igwem.**
I have run out of gas.	**Mmanum agwusiala.**
Our car is stuck.	**ụgbọ ala anyi kwusiri**
There's something wrong with this car.	**Ọ nwere ihe na eme ụgbọala nkea.**
We need a mechanic.	**Anyi choro ọnye n'emezi ụgbọ ala.**
Where is the nearest garage?	**Kedụ ebe ana edozi ụgbọ ala dinso?**
Can you tow us?	**Ị nwere ike ikporo anyi?**
Can you jump start the car?	**Ị nwere ike ịbịdo ụgbọ ala-a?**
There's been an accident.	**ihe mgberegede emela.**
My car has been stolen.	**Ezurula ụgbọ ala m.**
Call the police.	**Kpọ ndi uweyi oji.**

driver's license	**akwụkwọ eji anya ụgbọ**
insurance policy/car papers	**akwụkwọ ụgbọ**
car registration	**ihe eji mara ụgbọ**

WORDS

accelerator	**'accelerator'**
air	**ikuku**
battery	**'battery'**
brake	**'brake'**
bumper	**'bumper'**
car park	**ebe ana edote ụgbọ ala**
clutch	**'clutch'**
driver	**ọnye nanya ụgbọ**
engine	**obi ụgbọ ala**
exhaust	**ike ụgbọ ala**

a = pat   e = pay   i = feet   ị = pet   o = so

fan belt	'fan belt'
gear	'gear'
indicator light	'trafficator'
inner-tube	'tube and tire'
jack	jak
mechanic	ọnye nedozie ụgbọ ala; ọnye n'edozi ụgbọ ala
neutral drive	'neutral driven
oil	mmanụ
oilcan	ihe eji ejide mmanụ
passenger	'passenger'
petrol	mmanụ eji anya ụgbọ ala.
radiator	'radiator'
reverse	ntụgharị
seat	ọche
spare tire	'spare tire'
speed	ọke ọsọ
steering wheel	'steering wheel'
tank	'tank'
tire/tyre	'tire'
tow rope	eriri eji adọ ụgbọ
windscreen	'windscreen'

26. COLORS

Ocha is white, **edo** is any color than white. Most colors are described by comparing them to what they look like. So green is said to look like leaves that you eat.

black	**oji**
blue	**'blue'**
brown	**nchara**
green	**akwụkwọ nri** (literally: 'eating leaves')
red	**uhie**
white	**ocha**
yellow	**edo**

27. SPORTS

Igbo culture greatly values dancing and displays of physical strength. Wrestling contests between villages which would last a week, was a great part of the festivities that surrounded traditional Igbo culture. Unfortunately this is not as popular, having been replaced by modern participatory sports such as football and athletics. Tennis courts, swimming pools and gyms would be available at hotels or private clubs.

athletics	**igba oso**
ball	**'ball'**
basketball	**'basketball'**
chess	**'chess'**
goal	**gol**
horse racing	**ọsọ anyịnyo**
horse-riding	**ịny anyịnya**
match	**ndoro-ndoro**
soccer match	**ndoro-ndoro futbọl**
pitch	**mbara**
rugby	**'rugby'**
soccer	**futbọl; bọl**
stadium	**'stadium'**
swimming	**igwu mmịrị**
team	**ndi otu**
wrestling	**igba mgba**

Who won?	**ọnye meriri?**
What's the score?	**owu gini ka eji gbagbue?**

28. THE BODY

ankle	**ụkwụ**
arm	**aka**
back	**azu**
beard	**aji ọnụ; afo ọnụ**
blood	**obara**
body	**ahụ**
bone	**ọkpụkpụ**
bottom	**ịke**
breast	**ara**
chest	**obi**
chin	**agba**
ear	**nti**
elbow	**apa aka**
eye	**anya**
face	**ihu**
finger	**mkpisiri aka**
foot	**ukwu**
hair	**abubara isi**
hand	**aka**
head	**isi**
heart	**obi**
jaw	**agba**
kidney	**akpa nwamịrị**
knee	**ikpere**
leg	**ukwu**
lip	**egbugbere onu**
liver	**imeji**
lung	**nkpofuru; ngwu**
moustache	**aji onu; afọ ọnụ**
mouth	**onu**
neck	**olu**
nose	**imi**
shoulder	**ndabi olu; nkụnbụ**
stomach	**afo**

a = p**a**t   e = p**ay**   i = f**ee**t   ị = p**e**t   o = s**o**

teeth	**eze**
throat	**olu**
thumb	**mkpabi aka**
toe	**nkpisiri ukwu**
tongue	**ire**
tooth	**eze**
vein	**akwara**
womb	**akpa nwa**
wrist	**aka**

29. POLITICS

aid worker	ọnye intighe aka
ambassador	ọnye isi obodo ozo
arrest	jide
assassination	igbagbu
assembly	nnoko
autonomy	dinotu
cabinet	nzuko ndi isi
a charity	ndi na enwe obi ebere
citizen	ọnye ala
civil rights	ike ndi mmadu
civil war	ogu
constitution	ihe nachikata obodo
convoy	ndi nagakata
corporal punishment	ipia ihe
corruption	iri ngari
coup d'état	'coup'
crime	ihe ojoo
criminal	ọnye ojoo
crisis	nsogbu
dictator	ọnye oputa obie
death penalty	ikpe ikpe onwu
debt	ugwo
democracy	'democracy'
dictatorship	omume oputa obie
diplomatic ties	nwekota ndi obodo ozo
election	ọhuhọ mmadụ
embassy	ụlọ ndu mba ozo
ethnic cleansing	'ethnic cleansing'
exile	mgbafu
free	inwere onwe
freedom	inweta onwe
government	ndi nwe ala
guerrilla	guerrilla
hostage	ọnye ejidere ejide

humanitarian aid	**ime ebere; inye aka n'ebere**
human rights	**ike ndi mmadu**
imam	**ọnye isi ndi n'efe Muhamed**
independence	**inoro onwe**
independent	**inweta onwe**
independent state	**obodo nọrọ ọnwe ya**
judge	**ọnye ikpe; ọka ịkpe**
killer	**ọnye ogbugbu**
law court	**ụlọ ikpe**
law	**ikpe**
lawyer	**ọnye ikpe**
leader	**ọnye isi**
left-wing	**ọnye isi ike**
liberation	**igbaputa**
majority	**ndi kariri**
mercenary	**ọnye oji ndụ achọ egọ**
minister	**ọnye isi**
ministry	**ọlụ ndi isi**
minority	**ndi di ntakiri**
murder	**igbu mmadụ**
opposition	**ndi nekwataghi**
parliament	**ụlọ ndi iwu**
(political) party	**ndi ndọrọ-ndọrọ**
peace	**ụdo**
peace-keeping troops	**ndi nedote udo**
politician	**ọnye ndọrọ-ndọrọ**
politics	**ndọrọ-ndọrọ**
premier	**ọnye isi; ochịchị**
president	**ọnye isi ala obodọ**
presidential guard	**ndi na elekota ọnye isi obodo**
prime minister	**ọnye isi obodọ**
prison	**nga**
prisoner-of-war	**ndi ejidere nga ọgụ**
POW camp	**ebe edotere ndi nga ọgụ**
protest	**inwe isi ike**

ọ = m*o*re   **u** = s*oo*n   **ụ** = p*u*t   **ṅ** = si*ng*

public execution	**igbagbu mmadụ nihu ogbara oha**
refugee	**ọnye ogba oso**
revolution	**i nupu isị n'obodo**
right-wing	**'right wing'**
robbery	**ohi**
seat (in assembly)	**oche**
spy	**ọnye nyocha; ọnye mgbama**
struggle	**mgbali**
theft	**ohi**
trade union	**nzuko ndi neligede ndi ozi**
treasury	**ebe ana edote ego**
United Nations	**Obodọ Ndi Nnokotara Otu**; *or use English*
veto	**oputa obie**
vote	**ibia aka; ịtụnye akwụkwọ ọchịchị**
vote-rigging	**ihogbu itunye akwụkwọ**
voting	**itunye akwụkwọ**

30. OIL & GAS

barrel	**'barrel'**
cargo	**ibụ ụgbọ mmiri**
crane	**'crane'**
crude (oil)	**mmanụ**
deepwater platform	**ebe ana egwu mmanụ n'obgu mmiri**
derrick	**'derrick'**
diver	**otu omimi mmiri**
dock	**'dock'**
drill *noun*	**iji gwu onụnụ**
drilling	**onụ mmiri orụrụ**
exploration	**ịchọ ihe di mpka**
fuel	**mmanụ**
gas	**gas**
geologist	**ọnye n'achọta ihe di n'ala**
natural resources	**ihe di mkpa n'ala**
off-shore	**na ime mmiri**
oil	**mmanụ**
oilfield	**mbara mmanụ**
oil pipeline	**ọgboro n'ebu mmanụ**
oil production	**ịmebe mmanụ**
oil spill	**mmanụ nchafụ**
oiltanker (lorry)	**ụgbọ ala n'ebu mmanụ**
oiltanker (ship)	**ụgbọ mmiri n'ebu mmanụ**
oil well	**nga mmanụ si apụta**
oil worker	**ọnye oru mmanụ**
petroleum	**mmanụ ụgbọ ala**
pipeline	**ogboro mmanụ**
platform	**ebe ana anọ egwu mmanụ**
port	**ebe ndota**
pump	**izipu mmanụ**
pumping station	**ebe ana anọ ezipụ mmanụ**
refine	**ịdozi mmnu ọfụmaa**
refinery	**ebe ana eme mmanụ**

ọ = more   u = soon   ụ = put   ṅ = sing

reserves	**nke edotere edote**
rights	**iketa oke**
seismic survey	**'seismic survey'**
supply (noun)	**i bunye ihe**
tanker (lorry)	**ugbo ala; tanka**
tanker (ship)	**ugbo mmiri; tanka**
well	**oyere mmanu**
well site	**ebe oyere mmanu di**

31. TIME AND DATES

The traditional Igbo calendar is based on moon cycles and seasons. Key events were used to mark people's birthdays and other events. On a daily basis, time was marked by the shadows cast by the sun from sun-up to sun-down.

century	**ohu afo ise**
decade	**afo iri**
year	**afo**
month	**otu onwa**
fortnight	**izu uka abuo**
week	**izu uka**
day (24 hour period)	**otu ubochi**
hour	**otu awa**
minute	**otu nkeji**
second	**otu akara nkeji**
dawn	**isi ụtụtụ**
sunrise	**owuwa anyanwu**
morning	**ụtụtụ**
day	**ehihie**
noon	**ehihie**
afternoon	**ehihie**
evening	**mgbe abali**
sunset	**odida anyanwu**
night	**abali**
midnight	**ime abali**
four days before	**ụbochi anọ gara aga**
three days before	**ụbochi atọ gara aga**
the day before yesterday	**nwanne nyahụ gara aga**
yesterday	**nyahụ**
last night	**abali gara aga**
today	**ta**

tomorrow	**echi**
the day after tomorrow	**nwanne echi nabia abia**
three days from now	**ụbochi atọ nabia abia**
four days from now	**ụbochi anọ nabia abia**
the year before last	**afo abua gara aga**
last year	**afo gara aga**
this year	**afo nkaa; afọ a**
next year	**afo nabia abia**
the year after next	**afo abua nabia abia**
last week	**izu uka gara aga**
this week	**izu uka nkaa**
next week	**izu uka nabia abia**
this morning	**ụtụtụ a**
now	**ugbu a**
tonight	**nabali tàa**
yesterday morning	**ụtụtụ nyahụ gara aga**
yesterday afternoon	**ehihie nyahụ gara aga**
yesterday night	**abali nyahụ**
tomorrow morning	**ụtụtụ echi**
tomorrow afternoon	**ehihie echi**
tomorrow night	**abali echi**
in the morning	**na ụtụtụ**
in the afternoon	**na ehihie**
in the evening	**na abali**
past	**gara aga**
the present	**ugbu a**
future	**nke di nihu**
What date is it today?	**gini wu ubochi taa?**
What time is it?	**Kedụ ihe oge nekwu?;**
	Kedụ ihe elekele kwụrụ?
It is . . . o'clock.	**Oge nekwu awa . . .**

a = p*a*t   e = p*ay*   i = f*ee*t   ị = p*e*t   o = s*o*

DAYS OF THE WEEK

Traditionally the Igbo week (**Izu**) comprises 4 days which were the 4 market days — **Eke, Orie, Afo, Nkwo.** These repeat themselves sequentially. Many Igbos informally, and particularly in the rural areas, still count the days this way. So the normal 7-day week would be broken down to fit the rotating four days of the Igbo week. Government, business, and people in the big towns follow the normal 7-day week and use the English words.

MONTHS

January	**Ọnwa Mbu**
February	**Ọnwa Abua**
March	**Ọnwa Atọ**
April	**Ọnwa Anọ**
May	**Ọnwa Ise**
June	**Ọnwa Ịsị**
July	**Ọnwa Asa**
August	**Ọnwa Asatọ**
September	**Ọnwa Itoli**
October	**Ọnwa Ịrị**
November	**Ọnwa Ịrị na Otu**
December	**ỌỌỌnwa Ịịrị na Abụọ**

32. NUMBERS & AMOUNTS

Igbo has two counting systems. The new way is decimal and is listed below. Be prepared to hear variations in the pronunciation of some of the numerals. Note the use of **nà** 'and' or 'plus' in combinations. The first decade is based on 10. After 10, the pattern is '10 plus 1' (= 11), etc, with 20 being literally '10/2,' 21 being '10/2/1,' 30 being '10/3' and so on. The pattern is repeated until 100, which is followed by '100/1' (= 101), 112 being '100/10/2,' etc. Generally all numbers except for '1' come after the noun, e.g. **otù nnwa** '1 child,' **ulo àto** '3 houses.'

The older, traditional system was a counting system based on 10 up to 20 and then based on 20 up to 400, using the basic building blocks of **otù/òfu** '1', **ogú** '20' and **nnù** '400'. This was a sophisticated system developed largely along commercial lines and was designed to reach a limit of 400, although it is possible to construct greater numbers beyond that.

0	**adigi**
1	**otu (ofu)**
2	**abua (abua; ibua; abuọ)**
3	**atọ (ito; eto)**
4	**anọ (ino; eno)**
5	**ise (iso)**
6	**isii**
7	**asaa (isaa; esaa)**
8	**asato (isato; esato)**
9	**eteghiete (itenaani; toolu; toolu)**
10	**iri (ili)**
11	**iri na otu**
12	**iri na abuọ**
13	**iri na atọ**
14	**iri na anọ**
15	**iri na ise**
16	**iri na isi**
17	**iri na asaa**

a = p**a**t   e = p**ay**   i = f**ee**t   i = p**e**t   o = s**o**

18	iri na isato
19	iri na iteghete
20	iri abụọ
22	iri abụọ na abụọ
30	iri ato
32	iri ato na abụọ
40	iri ano
42	iri ano na abụọ
50	iri ise
52	iri ise na abụọ
60	iri isii
62	iri isii na abụọ
70	iri asaa
72	iri asaa na abụọ
80	iri asato
82	iri asato na abụọ
90	iri iteghete
92	iri iteghete na abụọ
100	nnari
102	nnari na abụọ
112	nnari na iri na abụọ
200	nnari abụọ
300	nnari ato
400	nnari ano
500	nnari ise
600	nnari isii
700	nnari asaa
800	nnari asato
900	nnari iteghete
1,000	(otu) puku
10,000	puku iri
50,000	puku iri ise
100,000	puku nari
1,000,000	(otu) nde

a = pat   e = pay   i = feet   ị = pet   o = so

first	**mbu**
second	**abụọ**
third	**ato (nke ato)**
fourth	**nke ano**
tenth	**nke iri**
fifteenth	**nke iru na ise**
twentieth	**nke ohu**
once	**otu ugboro**
twice	**ugboro abụọ**
three times	**ugboro ato**
one-half	**nkeji; mkprishi**
one-quarter	**ụzọ anọ**
three-quarters	**ụzọ atọ**
one-third	**nke atọ**
two-thirds	**ụzọ abụọ nke atọ**

33. WEIGHTS & MEASURES

kilometer	**kilometer**
meter	**mita**
mile	**mile**
foot	**foot; ama ụkwụ**
yard	**yard**
gallon	**gallon**
liter	**liter**
kilogram	**kilogram**
gram	**gram**
pound	**pound**
ounce	**ounce**

34. OPPOSITES

beginning—end	**mbido—ogwugwu**
	or **nke mbu—nke ikpeazu**
clean—dirty	**ocha—ọjịị**
comfortable— uncomfortable	**chim—chim adigi chim—chim**
fertile—barren	**nwere ike imu mwa— enweghị nwa**
happy—unhappy	**ọbi ụtọ—ubi ojo**
life—death	**ndụ—ọnwụ**
friend—enemy	**enyi—ọnye irọ**
modern—traditional	**ọhụrụ—ọchie**
modern—ancient	**ọhụrụ—ọchie**
open—shut	**mmepe—mmechị**
wide—narrow	**mbara—kpachiri**
high—low	**elụ—ala**
peace—violence/war	**udo—ogu; anaghị aṣọ anya; ocho ogụ**
polite—rude	**iso anya—anagi aso anya**
silence—noise	**nwanyọ—ụzụ**
cheap—expensive	**ọdigi ọnụ—ọdi ọnụ**
hot/warm—cold/cool	**ọkụ—ọyị**
health—disease	**ahu ọma—ahu ọjọ**
well—sick	**mma—ọjọ**
night—day	**abali—ehihe**
top—bottom	**isi—okpuru**
backwards—forwards	**azuazu—ihuhu**
back—front	**azu—ihu**
dead—alive	**nwụrụ anwụ—dindụ**
near—far	**nso—anya**
left—right	**aka ekpe—aka nri**
in—out	**ime—ọpụpụ**
up—down	**elụ—ala**
yes—no	**eeh—mba**
here—there	**ebea—ebeahu**

a = pa**t   e = p**a**y   i = f**ee**t   ị = p**e**t   o = s**o

soft—hard	**adighi ike—ike**
easy—difficult	**adigi ike—ike**
quick—slow	**osiso—nwanyo**
big—small	**ukwu—ntakiri**
old—young	**agadị—nwatakiri**
tall—short	**ogologo—mkpịrịsị**
strong—weak	**ike—ume ngwu**
success—failure	**ihuoma—ihuojo**
new—old	**ohuru—ochie**
question—answer	**ajuju—osisa**
safety—danger	**adigi egwu—egwu**
good—bad	**nke oma—nke ojoo**
true—false	**esi okwu—okwu asi**
light—heavy	**nta—ike**
light *noun*—dark *noun*	**ihe—itiri**
well—badly	**mma—ọjọ**
truth—lie	**ezi okwu—asii**

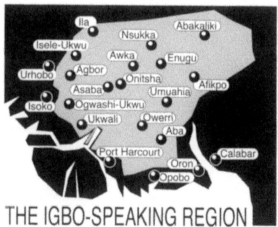

THE IGBO-SPEAKING REGION